Noch!

Emotionaler & Sinnlicher!

Sehr viel Freude wünscht!!

Antje de Vries

ANTJE DE VRIES

Abenteuer
GESCHMACK

ANTJE DE VRIES

Abenteuer GESCHMACK

FOTOGRAFIE: VIVI D'ANGELO

Inhalt

Abenteuer im Paradies

Das satte Signalrot fängt meinen Blick; die Schönheit der Natur lässt mich staunen. Ich ergreife die schwere Rispe, sanft sinken die kugeligen Früchte in meine Handflächen. Die gespeicherte Wärme Hunderter Sonnenstunden strahlt wohlig in meine Haut. Ein verführerischer Duft wandert über Nase und Hirn ins Herz. Erinnerungen schießen in meinen Kopf: die üppigen Gemüsegärten meiner Kindheit, der farbenfrohe Farmer's Market in Texas, die stärkende Wandermahlzeit in Umbrien … eine Aromenreise durch Vergangenheit und Träume. Ich beiße in die pralle Haut. Die spritzige Säure des Saftes überrascht mich. Eine fruchtige Süße folgt besänftigend. Ich kaue. Das mürbe Fleisch gibt nach und tiefer Wohlgeschmack verbreitet sich. Beglückt atme ich aus. Gras, Blumen, Rosenholz, Pfeffer, Zitrus! Die Noten befeuern meine Gedanken: an reizvolle Zubereitungen, perfekte Zutaten und glückliche Gäste. Ein wohliger Schauer packt mich, das Zusammenspiel der Sinne ist überwältigend. Bin ich im Paradies? Dankbar, dieses Wunder genießen zu dürfen, halte ich kurz inne. Dann setzen Neugier und Spieltrieb ein. Meine Finger kribbeln, sie wollen loslegen, schneiden, würzen, kombinieren, anrichten, teilen.

Das Abenteuer Geschmack beginnt!

Wie funktioniert Geschmack?

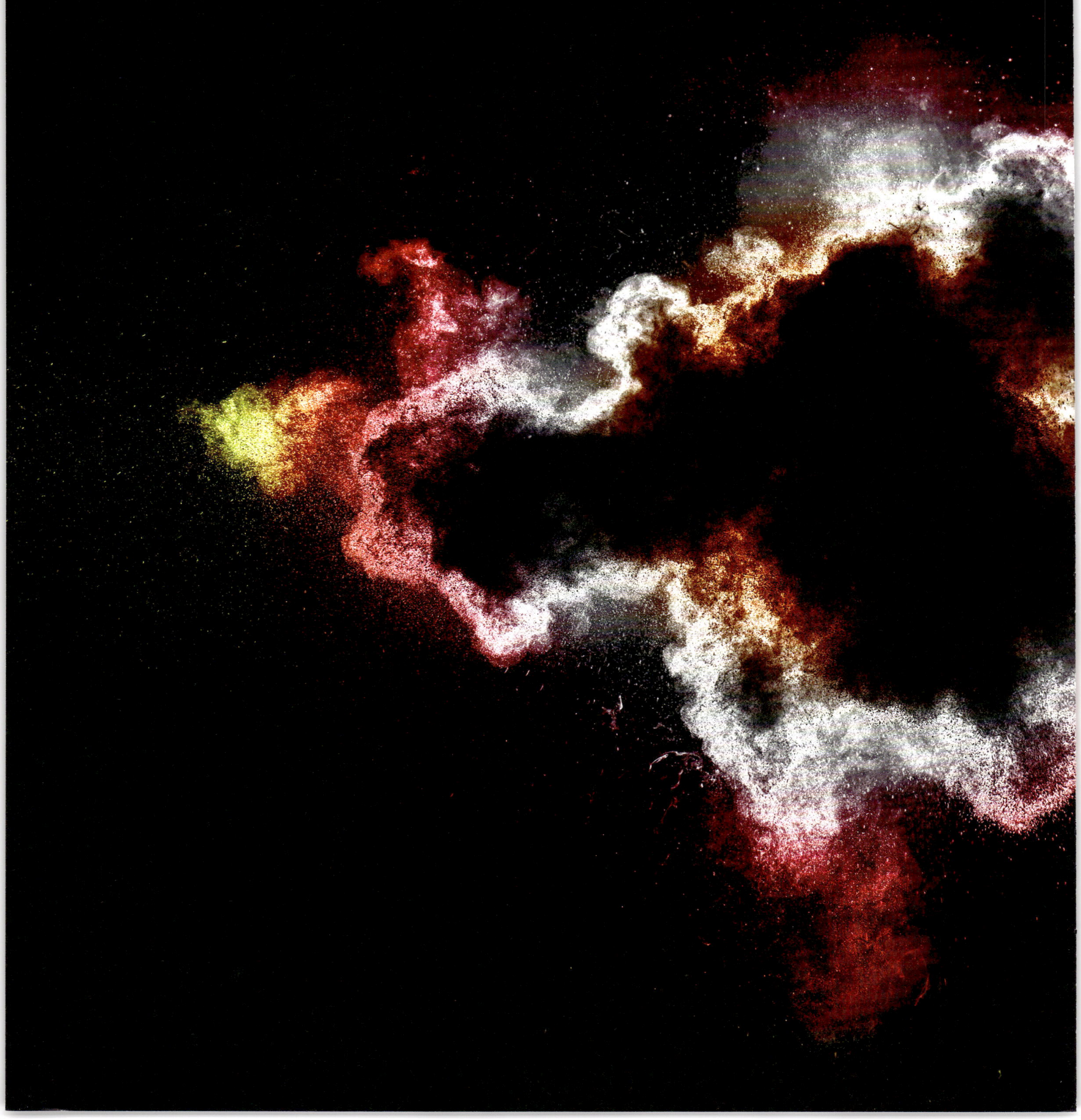

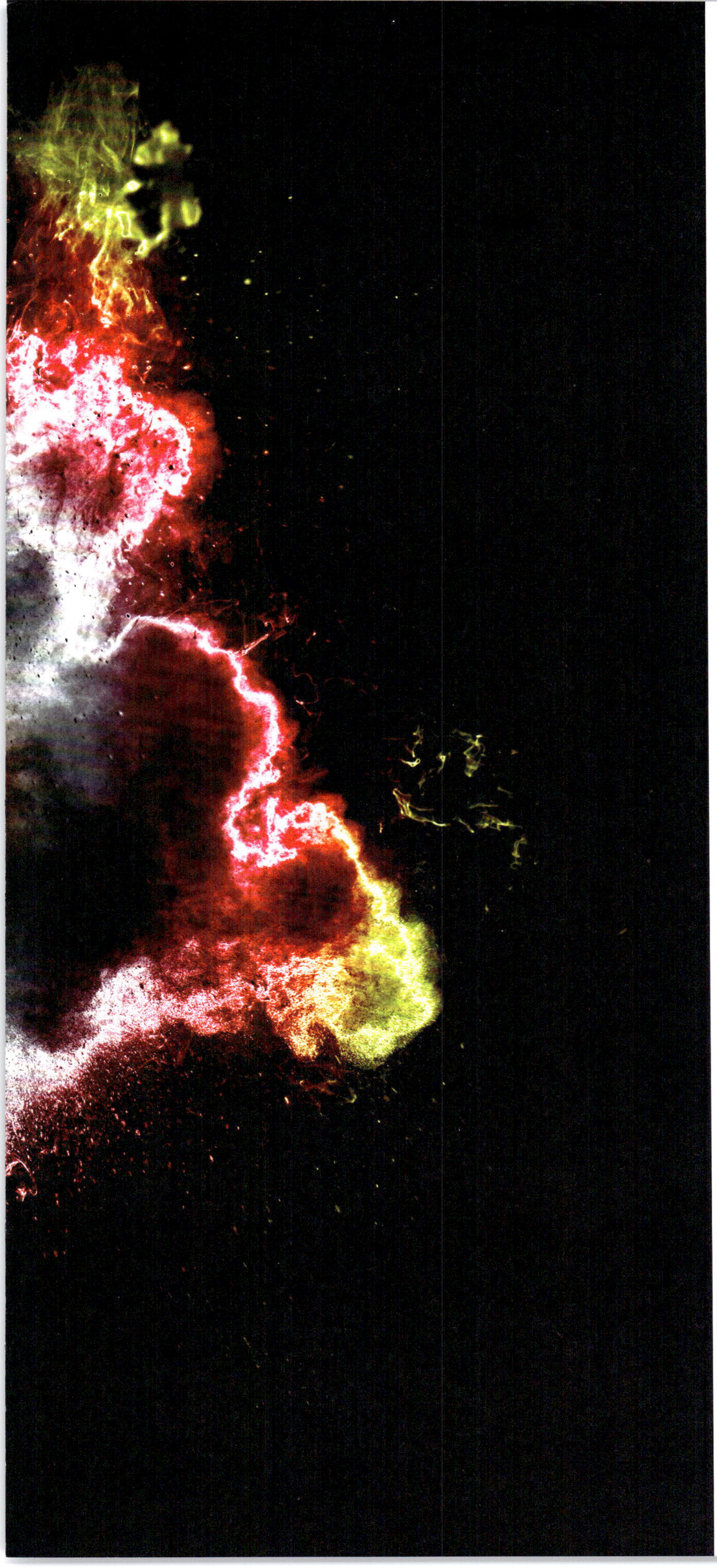

Lässt sich Geschmack fassen oder gar erklären? Die Wissenschaft summiert Geschmack als Vielzahl sinnlicher Eindrücke, die unser Gehirn sammelt, auswertet und zusammenfasst. Das klingt logisch und klar. Aber Geschmack ist mehr: Schon beim Biss in eine Tomate kommen unbewusst persönliche Gefühle, Erinnerungen und alltägliche Erfahrungen mit ins Spiel. Plötzlich schmeckt die Tomate himmlisch süß, wunderbar und einfach überwältigend. Und Geschmack bleibt ein Rätsel: etwas Geheimnisvolles, Unergründliches und unendlich Spannendes. Eine Herausforderung für unsere Sinne und ein echtes Abenteuer!

Sehen: Das Zitronenkuchenexperiment

Wie stark allein die Optik eines Nahrungsmittels unser Geschmacksempfinden beeinflusst, zeigt eine persönliche Anekdote: Mit großem Vergnügen wird in unserer Familie immer wieder die Geschichte vom Zitronenkuchen erzählt, den ich als Kind für meine Schwester buk. Mit Backfarben braun als Schokokuchen »getarnt«, sorgte er zunächst für höchste Irritation, dann für nachhaltige Heiterkeit.

Tatsächlich entscheidet bereits die mit den Augen wahrnehmbare Erscheinung eines Lebensmittels oder Gerichts maßgeblich darüber, was wir geschmacklich erwarten. Ist der Apfel prall, rund, makellos und rot, empfinden wir ihn als viel attraktiver als ein gelbes, schrumpeliges Exemplar.

Neben anderen gelernten, äußeren Formmerkmalen entscheidet in erster Linie, wie auch bei Zitronenkuchen und Apfel der Fall, vor allem die Farbe über die Geschmackserwartung. Dass wir im Falle des Apfels lieber zum roten als zum grünen Apfel greifen, führen Wissenschaftler auf in der Evolution angelegte Muster zurück.

Rund 80 Prozent der Information über seine Außenwelt bezieht der Mensch übers Auge und beschäftigt damit gut ein Viertel seines Gehirns. Keine Frage also, dass gilt: Das Auge isst mit. Oder anders: Wir schmecken, was wir sehen (wollen).

Bereits Urzeitmenschen lernten schnell, dass rote Früchte reif, zucker- und damit energiereicher als grüne, unreife Exemplare oder Blattwerk sind. Ein leuchtendes Rot konnte aber auch Signalfarbe sein: Achtung, giftig oder unangenehm oder scharf, wie bei z.B. Chilis. Das Erkennen bestimmter Farbcodes von Nahrung war für unsere Vorfahren überlebenswichtig: Gelb, orange bis rot signalisierte süß, zuckrig und nahrhaft, grün hingegen sauer und energiearm, weiß und grau salzig, während violett, braun und schwarz auf bitter hindeutete, im schlimmsten Fall auf faul und verdorben. Diese Assoziationsmuster scheinen laut Studien bis heute zu wirken und werden gerne von der Lebensmittelindustrie, aber auch der Diät- und Ernährungswissenschaft genutzt. Weil wir bei Rot unterbewusst süßere und energiereichere Lebensmittel erwarten, wählen wir sie zwar bevorzugt, essen aber auch weniger davon – sogar bei auf roten Tellern serviertem Essen funktioniert diese farbliche »Essbremse«: Selbst unser Sättigungsgefühl lässt sich offensichtlich durch visuelle Wahrnehmung austricksen.

Bereits die Farbe beeinflusst also unser Geschmacksempfinden. Bei einem Versuch erkannten 80 Prozent der Probanden das Aroma eines Orangengetränks zwar aufgrund seiner typischen Farbe. Bei demselben Getränk, das farblos oder andersfarbig koloriert wurde, sank die Quote auf 30 Prozent! Noch erstaunlicher: Wird unsere visuelle Erwartung geschmacklich nicht erfüllt, hilft unser Gehirn bis zu einem gewissen Grad nach bzw. lässt sich täuschen. Auch wenn der grüne Apfel messbar nicht sauer schmecken kann, korrigiert unser Gehirn die Tatsache gemäß Erwartung: Wir glauben, dass der Apfel saurer schmeckt, als es tatsächlich der Fall ist.

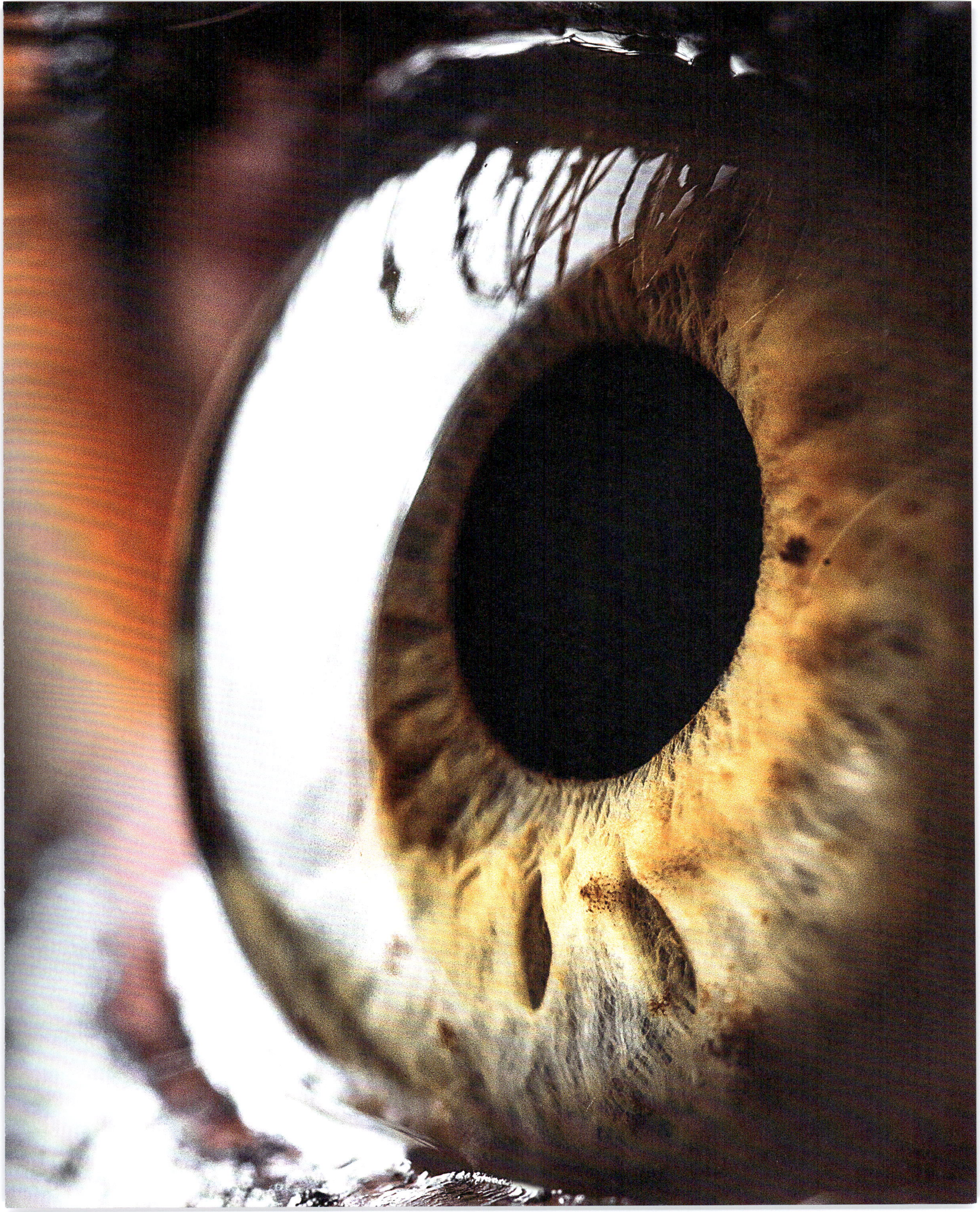

Hören: Der Soundtrack des Genusses

Eine knackige Möhre, die bei jedem Biss nur so kracht, das fast süchtig machende Crunchen von frischen Chips oder das Knuspern röscher Brotkruste – so klingt der laute Soundtrack des Genusses! Im Kontrast dazu entsteht fast Enttäuschung nach dem Biss in einen alten Butterkeks, der schon lange nicht mehr knusprig ist, oder in ein altbackenes Brötchen – der Geschmack ist meist fast gleich, aber das Geräusch passt nicht zu unseren Erwartungen.

Auch die sinnliche Wahrnehmung übers Ohr, das Hören, ist Teil unserer geschmacklichen Gesamtwahrnehmung. Wieder ist das Zusammenspiel evolutionär bedingt: Die Geräusche geben Auskunft über den Reifegrad und die Frische von pflanzlichen Lebensmitteln – damals wie heute.

Bei der Interaktion von Hören und Schmecken achten wir vorrangig auf Geräusche, die in unserem Mundraum entstehen, während wir essen und trinken. Dies können die beschriebenen krachenden Geräusche beim Abbeißen sein, bei denen wir uns nach einem »knackfrischen« Apfel sehnen, oder das verführerische »bizzelige« Geräusch Hunderter Bläschen von Brause oder Champagner in unserem Mund. Aber auch die lauten Töne zerberstender gerösteter Haselnüsse, die einem sonst weichen Ofenkürbis einen spannenden Geräuschpegel bieten, oder das anschließende Malmen der Backenzähne, das direkt über die Kieferknochen in das Innenohr übertragen wird, fügen dem Genuss eine weitere Dimension hinzu. Da steht mancher auf die Quietschgeräusche, die Halloumi oder bissfeste Schlangenbohnen (wie im Rezept »Gado Gado«, s. S. 154) an unseren Zähnen machen, ein anderer auf das dumpfe Geräusch, das beim Beißen in einen rohen Pilz entsteht, oder das styroporartige Knistern einer Reiswaffel. Ist es also nur eine Frage der Zeit, bis auch in der Lebensmittelindustrie »Sound Designer« darauf zielen, unsere Sinne zu fesseln? Erwiesen ist: Je klarer und lauter das Geräusch, das beim Essen entsteht, desto besser gefällt es uns und wir wollen mehr.

Auch Flüssigkeiten steuern mit ihren Geräuschen unsere Wahrnehmung von Konsistenz und Geschmack. Sei es das ventilierende Gurgeln beim Verkosten von Wein, das »Glou Glou«, wenn wir den guten Tropfen dann schlucken, oder das hemmungslose Schlürfen asiatischer Nudelsuppen wie Ramen, Soba und Udon, das uns die Gerichte in ihrer Gänze genießen lässt.

Auch Geräusche von außen können unsere Geschmackswahrnehmung beeinflussen. Manipulativ, indem experimentierfreudige Köche das Essen eines Quallensalates mit Meeresgeräuschen positiv aufladen. Oder einschränkend, wenn die Lautstärke von Musik oder anderen Tönen die 100-Dezibel-Marke überschreitet und unsere Fähigkeit zu schmecken deutlich reduziert.

Wir können uns selbst den passenden Food-Soundtrack spielen – sei es das Lieblingsalbum zum Lieblingsessen, Pavarotti zur Pasta oder ein seliges Brummen aus tiefstem Bauch und Herzen, wenn der Genuss eines Gerichtes uns packt.

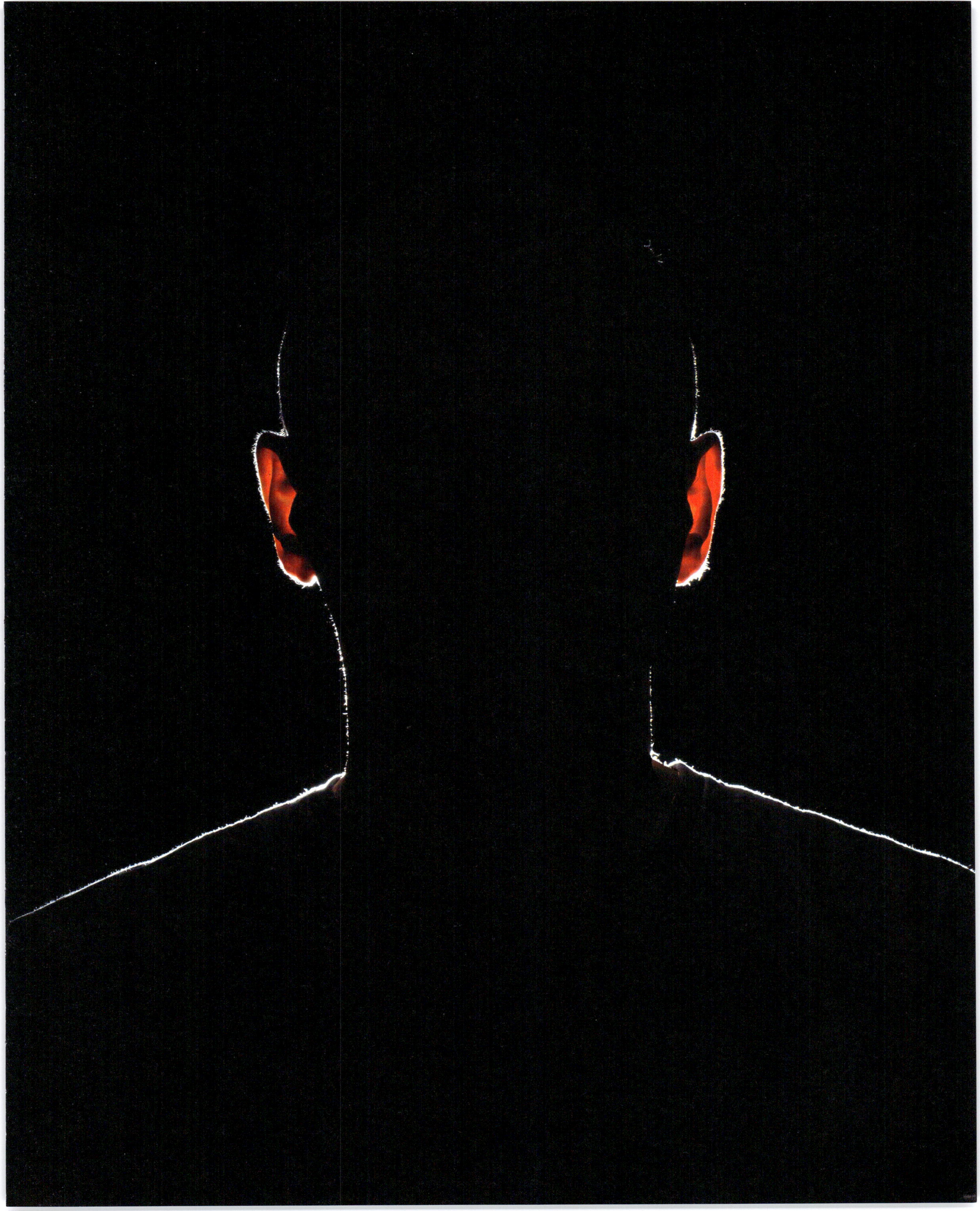

Schmecken: Die fünf Grundgeschmäcker

Nach heutigem Stand der Wissenschaft ist unsere Zunge als zentrales Geschmacksorgan in der Lage, zwischen fünf verschiedenen Geschmäckern zu unterscheiden: süß, salzig, sauer, bitter und umami.

Die ersten vier sind sofort klar und einleuchtend. Die fünfte Geschmacksqualität wurde Anfang des 20. Jahrhunderts von dem japanischen Chemiker Kikunae Ikeda entdeckt und als »Umami« für »voll-, fleischig- oder wohlschmeckend« bezeichnet. Ihm gelang es, Glutaminsäure aus Kombu-Algen, die Basis seiner geliebten Dashibrühe, zu isolieren und als die für diesen spezifischen Geschmack verantwortliche Substanz zu identifizieren. Begegnet ist den meisten dieser Umami-Auslöser in künstlicher Form als Mononatriumglutamat in Streuwürze und vielen industriell gefertigten Lebensmitteln, wo er deren Geschmack und unser Essverhalten manipulieren soll. Die gesundheitlichen Risiken von diesem Einsatz künstlicher Geschmacksverstärker werden stetig erforscht. Natürliches Glutamat kommt aber auch in vielen proteinreichen Lebensmitteln vor, besonders reichlich in Fleisch, Sojasauce, Anchovis, (Parmesan-)Käse und anderen gereiften oder fermentierten Lebensmitteln. In Gemüse wie Tomaten und Spargel ist es ebenso zu finden wie in vielen Pilzen. Glutamat sorgt für Würze und geschmackliche Tiefe und regt den Appetit an.

Der Begriff »Geschmack« wird oft für das Zusammenspiel der Sinneseindrücke benutzt: für das tatsächliche Schmecken, das Riechen, für Tast- und Temperaturwahrnehmungen. Doch was hat es mit dem eigentlichen Geschmackssinn auf sich? Was schmecken wir auf der Zunge?

Die Rezeptoren für die fünf Geschmacksausprägungen befinden sich in den Geschmackspapillen, punktartigen Erhebungen auf der Zunge und im weiteren Mundraum, die wir teils mit bloßem Auge beim Blick in den Spiegel erkennen können. In ihren Wänden befinden sich »Geschmacksknospen«, die in ihrer Form tatsächlich an Blütenknospen erinnern. In ihnen befinden sich jene Geschmacksrezeptoren, die durch Nervenfasern mit dem Zentralnervensystem verbunden sind und dem Gehirn über Nervenreize z. B. »sauer« oder »süß« melden. Und zwar passgenau nach dem Schlüssel-Schloss-Prinzip und nur dann, wenn exakt der entsprechende chemische Stoff auf die genau dafür passende Sinneszelle trifft. Die immer noch verbreitete Annahme, dass sich die Zunge in Geschmacksregionen unterteilen lässt, ist wissenschaftlich überholt. Die unterschiedlichen Geschmacksrezeptoren finden sich über die ganze Zunge und im Mund verteilt, vor allem im vorderen und hinteren Zungenbereich. Die Anzahl der Geschmacksknospen ist variabel: Säuglinge verfügen über ca. 10 000, Erwachsene haben im Schnitt nur ca. 5000, die sich alle sieben bis zehn Tage erneuern. Im Alter nimmt der Erneuerungsprozess deutlich ab – wir schmecken immer weniger.

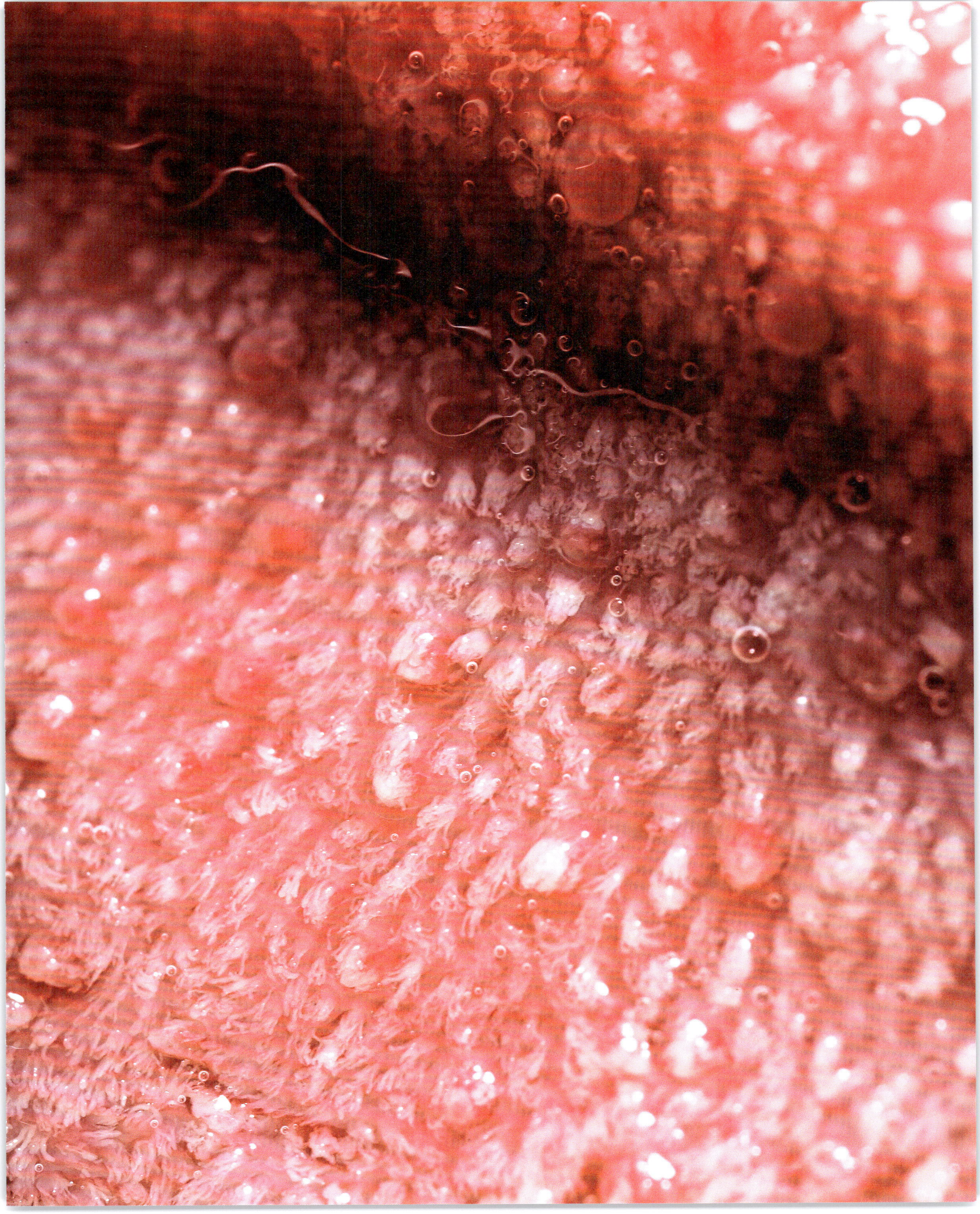

Die Frage nach einem sechsten Geschmack beschäftigt die Wissenschaft bis heute. Ist unsere Zunge so gebaut, dass sie auch Fett, Stärke oder andere Geschmäcker zweifelsfrei erkennen kann? Einiges spricht dafür – ganz klar ist aber: Schärfe ist keine eigene Geschmacksqualität.

Für die Anerkennung als eigenständigen Geschmack gelten drei Kriterien: die Auslösung durch eine chemische Verbindung (wie eine Säure oder Zucker), dafür nachweisbare spezifische Geschmacksrezeptoren auf der Zunge und eine eindeutige Erkennung durch menschliche Probanden. Letztgenannter Beweis steht für die 2011 entdeckten Fettrezeptoren noch aus: Versuchsteilnehmer konnten den Geschmack »fettig« nicht losgelöst, sondern immer nur im Vergleich zu umami und sauer identifizieren. Dagegen stellten Wissenschaftler der Oregon State University 2016 fest, dass Menschen das Polysaccharid Stärke nicht nur als süßlich, sondern als »stärkehaltig«, als »starchy« benennen können. Seitdem wird geforscht, ob es für diesen möglichen weiteren Geschmack eigene Geschmacksrezeptoren gibt.

Betrachten wir vergleichend Schärfe, die kein eigener Geschmack ist. Wenn wir Chilis als brennend-scharf, rohe Zwiebeln als stechend-scharf oder Wasabi als beizend-scharf wahrnehmen, »schmecken« wir keine Schärfe über die Sinneszellen unserer Zunge; wir »fühlen« sie vielmehr: als Reiz über den Trigeminusnerv. Seine feinen Verästelungen ziehen sich durch den Mund bis zur Nase und zu den Augen. Normal ist der Trigeminus für Temperatur- und Schmerzempfindungen zuständig. Essen wir eine zu heiße Suppe oder lutschen Eiswürfel, sendet er Warnsignale an unser Schmerzzentrum im Hirn. Genau gleich reagiert er auf chemische Reize, wie sie Capsaicin in Chili oder Menthol in Minze auslösen. Der Trigeminus lässt sie uns als »brennend-scharf«, als »heiß« oder »extrem kühl, erfrischend« empfinden. Und weil sich der Nerv durch den Gesichtsbereich zieht, tränen uns beim Schneiden von Zwiebeln die Augen und empfinden wir beim Essen einen stechenden Schmerz in Nase und im Mund. Warum sind Millionen Menschen, eingeschlossen mich, nahezu süchtig nach der fast schmerzenden Schärfe von Chili? Weil auf den Schmerz folgend neben Stress- auch Glückshormone ausgeschüttet werden! Aber auch aus gesundheitlichen Gründen lässt sich die Vorliebe erklären: Neben den positiven Eigenschaften von Capsaicin mit Blick auf Stoffwechsel, Blutdruck und Herz forschen Wissenschaftler an der antibakteriellen Wirkung von Chilis. Diese würde neben der durch Capsaicin provozierten kühlenden Schweißproduktion erklären, warum besonders in heißen Ländern auch das Essen »very hot!« sein darf.

Einen intensiven trigeminalen Reiz erfahren wir auch durch Gerbstoffe in Lebensmitteln wie Rhabarber, Tee oder Rotwein. Sie wirken »adstringierend«: man hat das Gefühl, dass sich alles im Mund »zusammenzieht«. Was wir im Übermaß als schmerzhaft und unangenehm empfinden, kann also wohldosiert eine neue Geschmacksdimension hinzufügen.

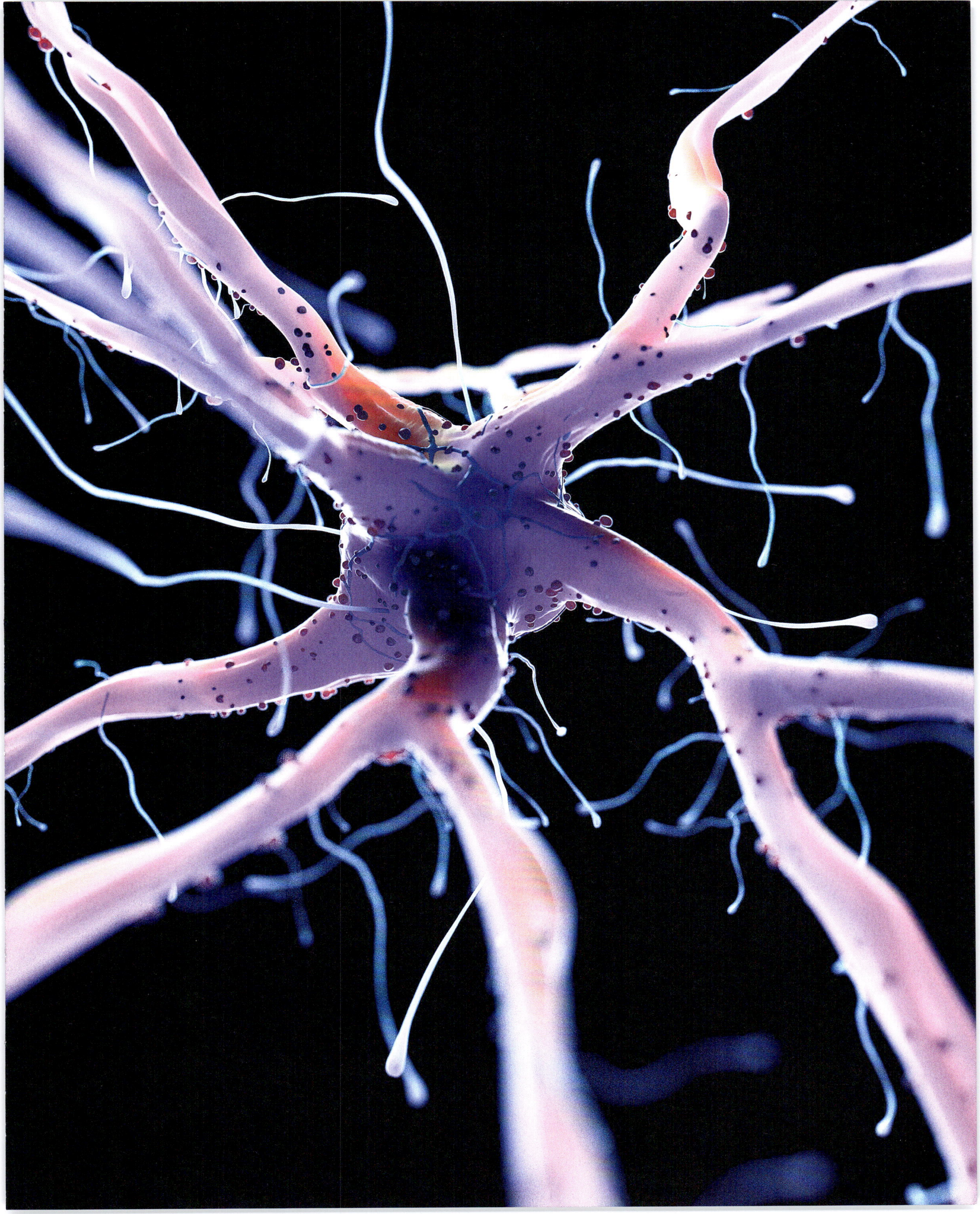

Riechen: Das eigentliche Schmecken

»Schmeckt guet«, sagt der Schweizer und meint: »Es riecht gut.« Was im Süddeutschen und Schweizer Sprachraum noch heute Usus ist, war bis zu Beginn des 19. Jahrhunderts landesweit üblich: Der Begriff »Schmecken« wurde sowohl für »Riechen« als auch »Schmecken« gemeinsam verwendet.

Warum weckt allein der Geruch von frischem Brot oder dampfender Brühe Vorfreude oder zumindest eine Vorstellung davon, was uns gleich auf dem Teller erwartet? Und umgekehrt: Können und mögen wir uns Essen ohne Duft vorstellen? Wie es »ohne« schmeckt, merken wir, wenn wir richtig Schnupfen haben und selbst unsere Leibspeise keinen geschmacklichen Reiz mehr besitzt.

Mit seinen fünf Grundgeschmäckern ist unser Geschmackssinn eher gering entwickelt. Entscheidender, ob bzw. wie uns etwas schmeckt, ist dagegen die Wahrnehmung mit der Nase. Mehr als 80 Prozent dessen, was wir als »Geschmack« bezeichnen, ist streng genommen »Riechen«.

Schon beim »Schnuppern« an einer Speise nehmen wir deren Duft zunächst über die Nase auf, erfassen die Duftstoffe mit der Riechschleimhaut, von wo aus sie zu den Riechzellen, die sich im Riechkolben oberhalb unseres Mundraumes befinden, transportiert, dort erkannt und als Nervenreiz weitergegeben werden. Bei diesem »orthonasalen Riechen« können wir vorab die Qualität der Speise beurteilen und gegebenenfalls »faule« Lebensmittel aussortieren. Gelangt das für gut befundene Objekt dann in den Mund, um dort zerkaut zu werden, wird eine andere Form des Riechens aktiviert: Die flüchtigen, meist nicht wasserlöslichen Duftstoffe gelangen durch den Mund- und Rachenraum inwendig ebenfalls zum Riechkolben, werden an die Riechzellen weitergeleitet und dort als spezifisches Aroma wahrgenommen. Dies nennt sich »retronasales Riechen« und ist die eigentliche Stärke und das Glück zur Genussfähigkeit von Menschen. Durch das Anreichern mit Speichel, Zerbeißen und Aufschließen der Nahrung mit Zähnen und Zunge verstärkt sich der erste, orthonasale Geruchseindruck, ja verändert sich sogar bereits häufig (so kann ein Duftstoff retronasal mit einem anderen Aroma wahrgenommen werden, als er vielleicht vorher orthonasal erschnuppert wurde). Zusammen mit den reinen Geschmacksinformationen, die uns die Zunge gleichzeitig liefert, ergeben sich Informationen, die unser Gehirn zu einem Gesamtgeschmackseindruck verarbeitet. Im Idealfall sagen wir dann, wenn auch sprachlich eigentlich nicht ganz korrekt: »schmeckt gut«.

Halten wir unsere Nase zu und essen Zimtzucker, schmeckt er nur süß. Erst beim Öffnen der Nase kommen die spezifischen flüchtigen Aromastoffe zum Tragen und wir erkennen: »Aha, Zimt.« Wer mit zugehaltener Nase nur Zimt kostet, merkt, dass er eine eigene Süße hat – in Indonesien nennt man ihn daher »kayu manis« – »süßes Holz«.

Im Gegensatz zu den übersichtlichen Grundgeschmacksqualitäten existieren Abertausende von Duftstoffen, die für unendlich viele Prozesse, Interaktionen und Kommunikation in der Natur verantwortlich sind. Von dieser Welt des Dufts kann der Mensch nur einen Bruchteil wahrnehmen. Die Fähigkeit zu riechen ist dabei nicht auf die Nase reduziert. So können beim Menschen auch im Darm, in der Niere, in Spermien und in der Haut bestimmte Geruchsstoffe erkannt werden. Zwar wird noch erforscht, wie viele Geruchsrezeptoren wir genau haben, doch dass es deutlich weniger sind als etwa bei einem Hund oder einer Schabe, ist längst erwiesen.

An jedem einzelnen Geruchsrezeptor in den Riechzellen unserer Nasenschleimhaut kann nach dem Schlüssel-Schloss-Prinzip jeweils immer nur eine passende Aromaverbindung andocken. Trotzdem schaffen wir es z. B., den komplexen Duft einer Rose zu identifizieren, obwohl er sich aus Hunderten von Einzelkomponenten zusammensetzt. Wie ist das möglich? Durch Teamwork, indem viele Riechzellen mit den darin enthaltenen Rezeptoren zusammenarbeiten. Vereinfacht gesagt: Die Rezeptoren fungieren wie Buchstaben, die sich zu einem sinnvollen Geruchscode zusammensetzen und dem Gehirn signalisieren: »Das riecht wie eine Rose.« Durch die vielfältigen Kombinationsmöglichkeiten der verschiedenen Rezeptortypen lassen sich so weit über 10 000 Gerüche relativ klar erkennen. Das ist weniger als bei einer Maus, aber trotzdem haben auch wir Menschen manchmal die Nase vorn: Zwar können wir viele Geruchsstoffe weniger gut, andere dagegen umso besser wahrnehmen. Etwa die von Obst und Gemüse – weil deren Erkennung evolutionär gesehen von höherer Bedeutung war. Diese Eigenschaft teilen wir mit vielen Primaten.

Beim Erkennen eines Duftes können Leitsubstanzen, »Schlüsselaromen«, helfen, z. B. der Stoff Geraniol in der Rose. Riecht man Geraniol isoliert, denkt man sofort an Rosen. Allerdings merkt man auch, dass zum vollständigen Duft etwas fehlt. Erst das Zusammenwirken von Geraniol mit anderen Duftstoffen macht Rosenduft aus. Die verschiedenen Aromastoffe fungieren dabei wie Mosaiksteinchen: Zusammen ergeben sie ein Bild, bei dem nicht automatisch jedes Steinchen wahrgenommen werden muss.

Bereits bis zum Alter von drei Jahren haben wir einen Großteil unserer Geruchseindrücke gesammelt und diese als abrufbare Information im Gehirn hinterlegt. Noch vor dem Sprechen lernen wir Riechen. »Ich hab's auf der Zunge«, denken wir oft, wenn wir einen Geruch oder Geschmack benennen sollen. Die Information liegt zwar im Gehirn, lässt sich aber nicht abrufen, weil uns die passenden Worte fehlen. Wer den Geschmackssinn trainieren will, kann also versuchen, seine Wahrnehmungen differenziert zu beschreiben.

Fühlen: Textur und Mundgefühl

Weich, hart oder zart – die Textur einer Speise beeinflusst das Mundgefühl und damit unser Geschmacksempfinden.

Ofenfrische Pizza – lecker! Steht die allerdings eine Weile herum, mundet sie plötzlich nicht mehr so gut. Die Pizza ist de facto zwar noch dieselbe, doch ihre Textur hat sich verändert: sie ist kalt, nicht mehr knusprig und der Käse darauf zäh.

Auch die Textur ist geschmacksentscheidend: Je nach Oberflächenbeschaffenheit und Konsistenz eines Nahrungsmittels verändert sich das »Mundgefühl« und damit unser Geschmacksempfinden. Den ersten Textureindruck erhalten wir durch bloßen Augenschein: Wir entscheiden beim Anblick, ob es sich um Sauce oder Dip handelt, schätzen den schrumpeligen Apfel als mürber, den glatten dagegen als fester ein und schließen daraus auf den Geschmack. Den entscheidenderen Eindruck liefert die Zunge. Auf ihr befinden sich nicht nur die Geschmackspapillen (s. S. 14), sondern über den gesamten Zungenrücken verlaufen auch »Fadenpapillen«. Sie erkennen die Textureigenschaften und leiten sie ans Gehirn weiter. Dort werden die Informationen in individuelle Empfindungen übersetzt: Wir identifizieren etwas z. B. als »knackig«, »knusprig« oder »kross«. Kleine Abweichungen in der erwarteten Textur wirken sich oft gravierend aus: Die »al dente« gekochten Nudeln werden als hart, der überreife, »saftige« Pfirsich wird als »matschig« empfunden – und schon »schmeckt« es uns nicht mehr. Auch kulturelle Prägung spielt eine Rolle: Klebrige, schleimige oder auch sehr weiche Konsistenzen, wie man sie in vielen Teilen Asiens schätzt, wirken auf uns eher fremd. Das »Chawanmushi« (s. S. 258) kann daher einmal als spannende Texturerfahrung herhalten.

Doch bevor unsere Zunge z. B. die runden, festen Dinger als Erbsen wahrnehmen kann, müssen wir sie »oral prozessieren«: Durch Zerkauen, Durchdringen mit Speichel, Zerdrücken und Weiterleiten mit der Zunge werden erkennungstypische Geschmacksstoffe frei.

Unterschiedliche Texturen machen ein Gericht doppelt spannend: Eine cremig pürierte Suppe mag ihren Reiz haben. Ein paar feste Stückchen darin bieten unserer Zunge aber einen Kontrast und sorgen dafür, dass bestimmte Aromen im Mund nicht gleichzeitig, sondern nacheinander freigesetzt werden. Statt einer dumpfen Geschmacksexplosion zünden so nacheinander viele kleine Feuerwerke in Mund und Gaumen.

»In der Sekunde nun, da dieser mit den Gebäckkrümeln gemischte Schluck Tee meinen Gaumen berührte, zuckte ich zusammen und war wie gebannt durch etwas Ungewöhnliches, das sich in mir vollzog.«

(aus Marcel Proust: Auf der Suche nach der verlorenen Zeit)

Sehen wir Geschmack nur als Summe der Teile zeitgleich wahrgenommener Sinneseindrücke, die unser Gehirn zu einem Gesamtbild fügt, dürften wir nichts allzu Aufregendes erwarten. Mittels technischer Quantifizierung und festgelegter Zusammenstellung von Nahrungsmitteln müssten sich im Prinzip recht vorhersehbare Geschmacksergebnisse erzielen lassen, jedes Rezept müsste wiederholbar immer gleich »funktionieren« und schmecken. Tut es aber glücklicherweise nicht!

Geschmack ist sensibel, wird immer wieder neu und anders wahrgenommen und bleibt bis zu einem gewissen Grad rätselhaft: Warum schmeckt der Wein zu Hause anders als im Urlaub? Und wieso lieben wir Kartoffelbrei und hassen vielleicht Spinat? Geschmack ist nicht nur rational, sondern höchst emotional, nicht allgemeinverbindlich, sondern individuell. Und es wirken Faktoren mit, die sich unserem Bewusstsein entziehen: frühkindliche Prägung und Erfahrungen mit Essen und die damit verbundenen Gefühle und Erinnerungen, aber auch unsere genetische Codierung.

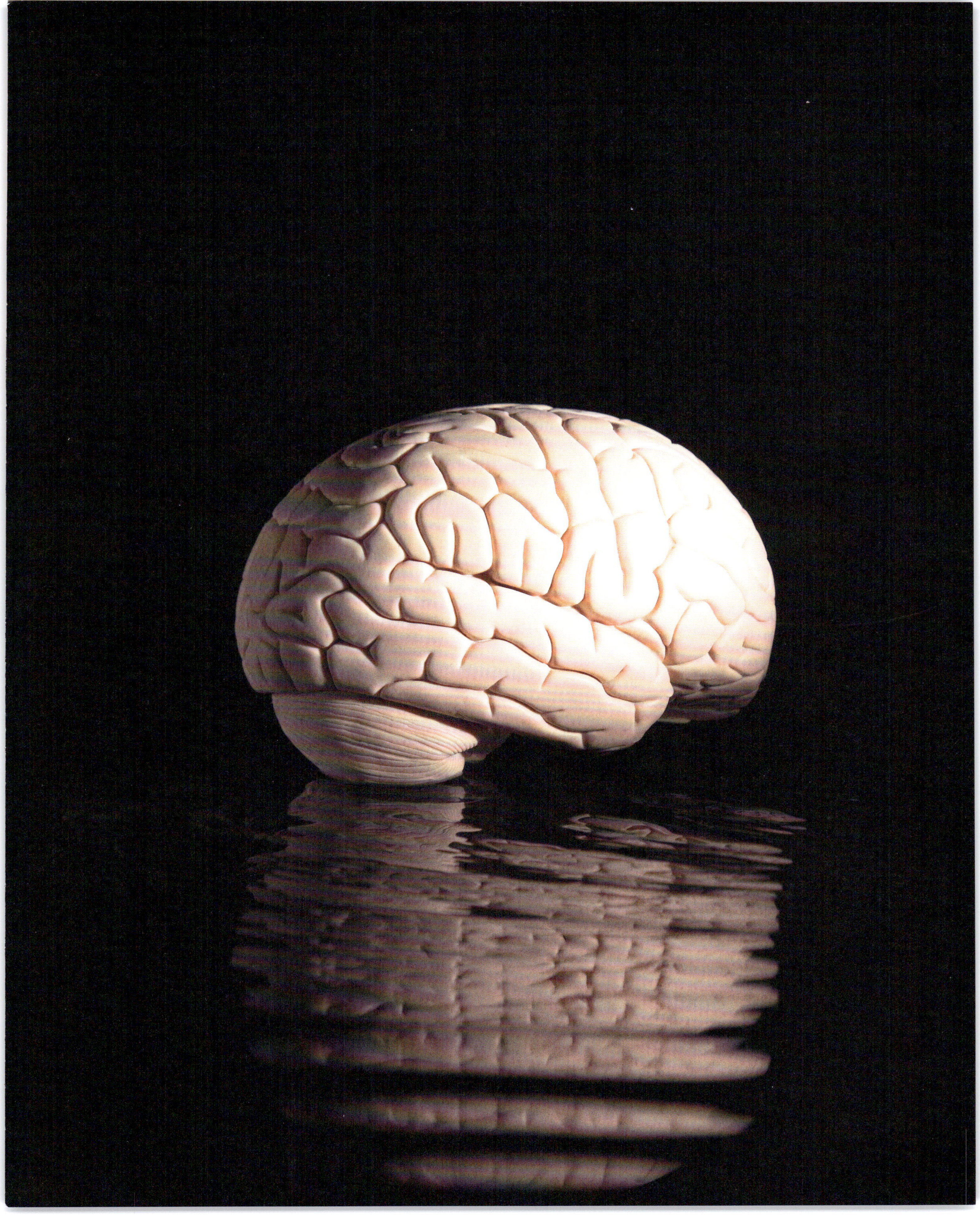

»Der Geruchssinn ist der Sinn der Erinnerung und des Verlangens.«

(Jacques Rousseau)

Düfte haben einen direkten, heißen Draht zu unserem Gehirn: Schon in den Geruchszellen der Nase wandeln die Rezeptoren chemische Duftsignale in elektrische, für unser Gehirn verwertbare, um. Durch den olfaktorischen Nerv, den ersten Hirnnerv, gelangen sie in den »Riechkolben«. In diesem vorgelagerten Teil des Großhirns werden die Informationen der einzelnen Riechzellen zu einem Signalmuster verknüpft, ausgewertet und verstärkt.

Noch können wir mit diesen Informationen allerdings nichts anfangen. Über einen Kanal werden sie zum Hypothalamus, dem Steuerungszentrum unseres vegetativen Nervensystems, geleitet. Das ist z. B. für die Regelung von Körpertemperatur, Nahrungsaufnahme, Schlaf und Fortpflanzung zuständig. Kein Wunder also, wenn der Duft von frischem Brot sofort Hunger, der von Lavendel entspannte Müdigkeit oder der von Trüffeln Lust auf mehr auslöst. Und es wird klar, warum der mitgebrachte Wein, der in entspannter Urlaubsstimmung wunderbar schmeckte, im stressigen Alltag weit weniger mundet

Gleichzeitig werden die Geruchsinformationen ins »Limbische System« weitergeleitet, eine Hirnregion, die u. a. für Emotionen und Gedächtnis zuständig ist. So kann ein Geruch dort z. B. ein Gefühl von Freude, Wohlbefinden, aber auch Ekel oder Angst wachrufen: Unbewusst entspannen wir uns vielleicht beim Duft von Kaffee, fühlen uns durch den Geruch von Zimt, Nelken und Tanne geborgen und an Weihnachten erinnert. Oder wir schaudern schon beim bloßen Riechen an einem Meeresfrüchteeintopf, weil wir uns mit Muscheln einmal den Magen verdorben haben.

Die Gedächtnisforschung zählt die Eindrücke aus Duft- bzw. Geschmackserlebnissen zu den nachdrücklichsten Erinnerungen. Man spricht vom »Proust-Effekt«, bezogen auf das Erlebnis des Ich-Erzählers in Marcels Prousts Romanwerk »Auf der Suche nach der verlorenen Zeit«: Ein paar mit Tee durchtränkte Kekskrümel lassen dort im Protagonisten Erinnerungen wiederaufleben, die Stoff für mehrere Romanbände liefern!

Alle Verschaltungen zum zentralen Nervensystem, zu unseren Gefühlen und unserer Vergangenheit geschehen unterbewusst und können vom Verstand nicht gesteuert werden. Sie mischen sich in die Informationen, die uns in anderen Hirnregionen einfach nur die schlichte Erkenntnis liefern: »Was ich da rieche oder schmecke, muss eine Tomate sein.« Riechen und Schmecken sind komplexe Vorgänge, an denen verschiedene Gehirnareale parallel und wechselseitig beteiligt sind. Durch den direkten Zugang zu Hirnregionen des Unterbewussten hinterlassen Gerüche und damit verbundene Erlebnisse Spuren, die wir in Form bestimmter Gefühle und Erinnerungen bei jeder Begegnung mit dem Duft oder Aroma »mitschmecken«.

»Was der Bauer nicht kennt, das (fr)isst er nicht« – das Sprichwort kennt jeder. Wie in vielen Volksweisheiten steckt auch darin ein wahrer Kern.

Unser Geschmack und die Vorliebe bzw. Abneigung gegenüber bestimmten Lebensmitteln sind in vielfältiger Weise vorgeprägt. Inzwischen ist wissenschaftlich belegt, dass ein guter Teil unser Geschmacksfähigkeit genetisch angelegt ist: Schon in den 30er-Jahren gelangte der amerikanische Chemiker Arthur Fox zur Erkenntnis, dass gut ein Viertel der Menschen nicht in der Lage ist, bestimmte Bitterstoffe zu schmecken, aufgrund einer geerbten Genveränderung ist einer der verschiedenen Bitterrezeptoren nicht funktionsfähig. Auch die Empfindung von Koriander als »lecker« oder »seifig« ist genetisch dispositioniert. Ebenfalls allein aufgrund ihrer Gene können rund 25 Prozent aller Menschen mehr schmecken als andere: Laut einer neueren Studie der amerikanischen Psychologin Linda Bartoshuk entscheiden die Anzahl und Größe der Geschmackspapillen darüber, dass manche mehr schmecken als andere. Hat man viele eher kleine, ist man unter Umständen ein »Supertaster«, dem alles geschmacklich wesentlich intensiver erscheint. Und auch erklärten israelische Wissenschaftler, dass 50 für Geruchsrezeptoren zuständige Gene je nach Veranlagung aktiv oder inaktiv sein können.

Bereits durch die Muttermilch haben wir oft eine Vorliebe für süßen und proteinreichen Umami-Geschmack. Aber auch die Vorlieben der Mutter übertragen sich durchs Fruchtwasser auf den Fötus. Isst sie oft Knoblauch oder trinkt Möhrensaft, lässt sich laut Studien der US-Forscherin Julia Menella auch eine Akzeptanz bzw. Vorliebe dafür beim Baby feststellen. Und auch über die Muttermilch wird das Kind durch (fettlösliche) Geschmacksstoffe weiter konditioniert. Geschmack ist (und bleibt) im Prinzip Lernsache: Kleinkinder entwickeln ihre Geschmacksfähigkeit nach dem reinen »mere-exposure-Effekt«: Allein dadurch, dass ein Nahrungsmittel vorhanden ist bzw. immer wieder angeboten wird, wird es uns nach und nach »schmackhaft« gemacht. Damit es uns letztlich nicht zu gut schmeckt und wir es ausschließlich essen, tritt im Idealfall die »spezifisch-sensorische Sättigung« ein: Wir »überessen« uns irgendwann an Möhrenbrei und Schokopudding und suchen neue geschmackliche Herausforderungen. Aber auch andere Faktoren können sich geschmacksprägend auswirken: Konnten wir als Kinder in entspannter, familiärer Stimmung essen oder wurden wir zum Essen gezwungen? Sind unsere Erinnerungen positiv, werden wir allein den Geruch von Bratheringen lieben, weil sie uns an unsere Großmutter erinnern, die ähnliche zubereitete. Oder wir empfinden beim Essen von Spinat jedes Mal den Widerwillen, mit dem wir damals gezwungenermaßen »gesunden« Spinat aßen. Mehr noch: Schokolade, die uns als Belohnung für das Aufessen des Spinats in Aussicht gestellt wurde, muss auch in anderen unangenehmen Situationen immer wieder als Entschädigung herhalten.

Den eigenen geschmacklichen Horizont ständig zu erforschen, auszutesten und zu erweitern bleibt daher lebenslange Herausforderung. Nicht zuletzt, wenn man sich dabei auch über die Grenzen der eigenen (Ess-)Kultur hinausbewegt. Nationale oder kulturelle Geschmacksvorlieben prägen unseren Geschmack mehr, als wir denken. Da hilft nur eins: mit anderen Bauern in die Töpfe und über den Tellerrand zu schauen.

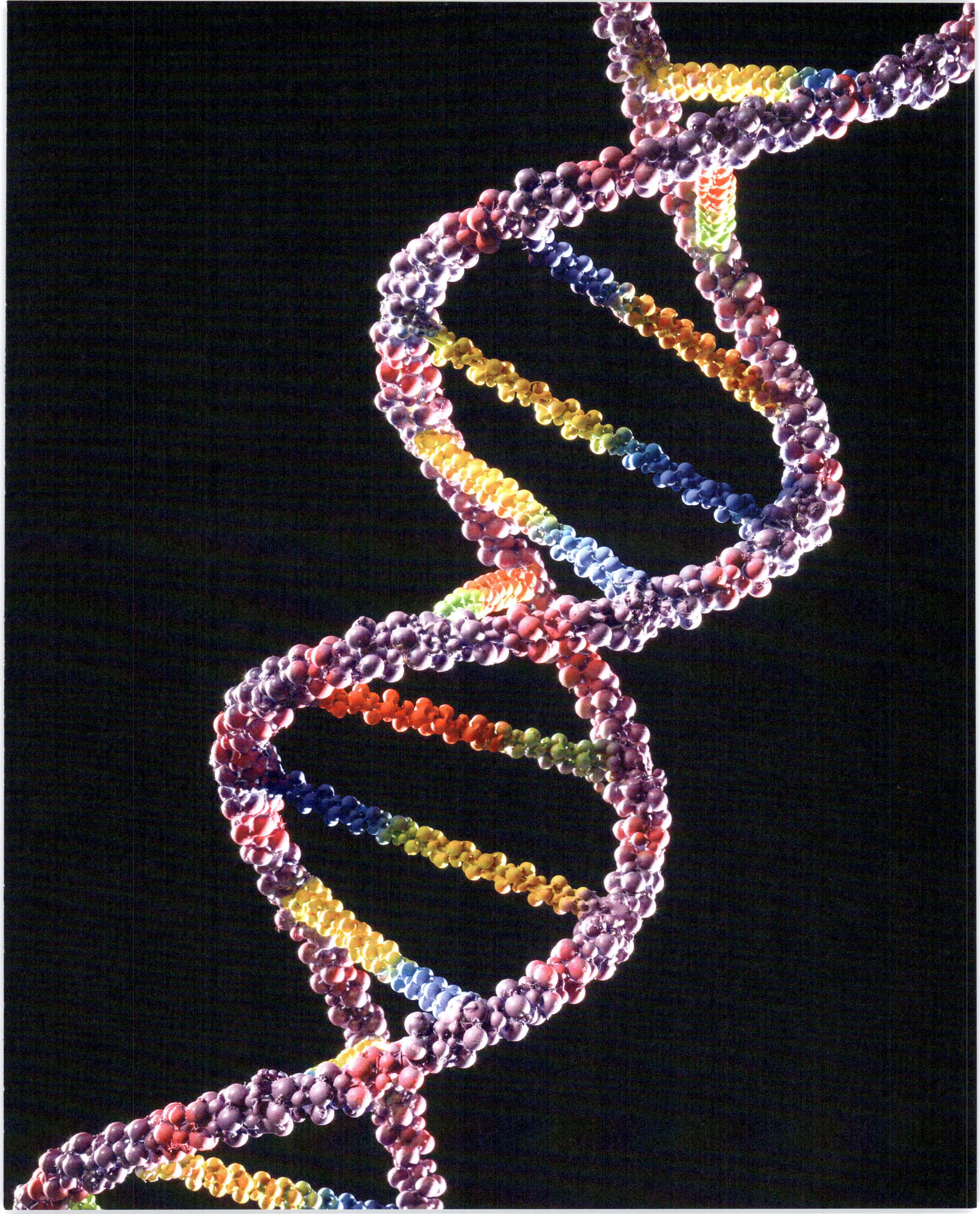

Wie Gemüse schmeckt: Eine erste Erkundung

Gemüse mit allen Sinnen erfahren: Was wir beim Anfassen erspüren, kann schon einen ersten Geschmackseindruck geben.

»Wir haben die Karotte bisher erst zu 10 Prozent ausgeschöpft; wir wissen noch gar nicht, was sie alles kann.«

(Alain Passard, Sternekoch, der Gemüse immer wieder neu entdeckt)

Gemüse ist geschmacklich ein eigener Kontinent: leicht bitter schmeckende Wurzeln wie Karotten und Pastinaken, süßes Fruchtgemüse wie Tomaten und Paprika, zart-herbes Blattgemüse wie Spinat, Bohnen, die gekocht weich und cremig am Gaumen zergehen. Düfte und Aromen von grasig-grün bis blumig und schokoladig. Woraus resultiert der Reichtum an Geschmäckern, Aromen und Texturen?

Nur mithilfe von Wasser, Luft, Licht und Erde sind Pflanzen in der Lage, sich selbst zu erhalten. Nachteilig ist ihre Unbeweglichkeit: Ohne Möglichkeit davonzulaufen sind sie Fraßfeinden ausgeliefert. Aber nicht schutzlos: Neben Dornen, harten Hülsen, Schalen oder Ähnlichem bilden sie Farb-, Geschmacks- und Duftstoffe, die abschrecken, aber auch anlocken können. Wie variantenreich und für uns äußerst geschmackvoll diese Systeme angelegt sind, zeigen wir an 15 Gemüsen. Geschmacksporträts erläutern deren Besonderheiten und sind Kompass, um sie zu erkunden. Dazu braucht es nur frisches Gemüse: Saisonal und vollreif sollte es sein, erntefrisch oder nur kurz gelagert. Natürlich, in passender Umgebung und im Freiland angebaut wäre optimal – nur so ist eine Pflanze genug »Stress« durch Witterung, Bodenbeschaffenheit oder Fraßfeinde ausgesetzt, auf den sie mit der Bildung besonders intensiver Aromastoffe reagiert.

Der nächste Schritt: Wie fühlt sich ein Gemüse an? Gemüse will erfahren werden, gerne erst einmal mit den Händen, mit der Nase, dann mit der Zunge. Was für ein »Mundgefühl« habe ich bei einem Stück roher Möhre, welches bei gekochter? Ändert sich der Geschmack, wenn ich ein Stück abbeiße, die Möhre fein raspele, sie in große oder kleine Stücke schneide?

Einfacher als Duft und Aromen lässt sich der Geschmack benennen: Schmeckt das Gemüse süß, sauer, bitter, umami oder gar leicht salzig? Um klarer unterscheiden zu lernen, gestaltet sich unsere Geschmacksreise von dezidiert süß bei Möhren bis hin zu kräftig, bitter-erdig bei Kohl.

Geschmackskultur: Vom Rohen zum Gekochten

Kochen gilt als kulturelle Leistung. Wissenschaftler und Philosophen, wie der mit seinem Werk »Das Rohe und das Gekochte« berühmt gewordene französische Ethnologe Claude Levi-Strauss, halten die Erfindung des Kochens gar für einen evolutionär wesentlichen Schlüssel zu unserer Menschwerdung: Die Fähigkeit zur Umwandlung von roher in gekochte Nahrung unterscheidet den Menschen vom Tier.

Vor allem und zuerst bedeutete die Entdeckung des Garens mit Feuer eine unglaubliche Erweiterung des Nahrungsangebots. Der Steinzeitmensch musste sich nicht länger mit rohem Fleisch oder gar Aas und teilweise unbekömmlichen Pflanzen und Früchten begnügen. Saure Früchte und bittere, in rohem Zustand oft giftige Gemüse konnten gegart gefahrlos und vor allem wesentlich wohlschmeckender verzehrt werden.

Dank dieses Entbundenseins, mit Nahrung lediglich und einzig Hunger stillen zu müssen, konnte der Mensch »Geschmackskultur« entwickeln. Schnell lernte er, häufig unbewusst, zufällig und sicher mit fatalen Irrtümern verbunden, die Bedeutung von Kochen zu nutzen: als Möglichkeit den Geschmack natürlicher Produkte auf vielfältige Weise aufzuschließen, zu verändern und zu variieren.

Darüber sollten auch wir uns kurz klar werden, wenn wir uns über den Geschmack von Gemüse Gedanken machen – so banal es auch zunächst klingen mag: Durch Kochen bzw. bereits andere gängige küchenpraktische Tätigkeiten wie Schälen oder Kleinschneiden verändern sich Textur, Geschmack und Aroma – der gesamte Geschmackseindruck – häufig grundlegend. Und das ist genau das Spannende: Was passiert genau beim Kochen von Gemüse? Wie entwickelt sich Geschmack konkret?

Raspeln, hacken oder in grobe Stücke schneiden – je nach gewählter Zerkleinerungsweise werden bereits hier mehr oder weniger flüchtige Aromen freigesetzt, die wir anschließend im Mund besser wahrnehmen können, andere verduften bereits und lösen sich wortwörtlich in Luft auf. Japanische Köche wissen um diesen Aspekt. Darum werden meist sogar in Kochbüchern die jeweils spezifisch erforderlichen, vielfältigen, mit eigenen Namen gekennzeichneten Schnitt-Techniken angegeben.

Noch entscheidender verändert sich der Geschmack aber durch den Einfluss von Temperatur – in Hinblick auf Textur, aber auch auf Geschmäcker und Aromen: Knackig harte Kartoffeln wandeln sich in mehlig-weiche, grüne Bohnen werden durch Garen überhaupt erst genießbar, während Artischocken ihre Bitterkeit verlieren und plötzlich leicht süßlich schmecken. Der Geruch von Kohl verstärkt sich, je länger er kocht, während sich bei anderen Gemüsen Aromastoffe schon bei niedrigsten Temperaturen verflüchtigen. Kleine Eingriffe zeigen verblüffende Wirkung: ein aufgeschnittener Apfel oxidiert mit Sauerstoff und wird braun, wogegen bereits etwas Zitronensaft hilft. Ein Spritzer Zitrone ins Kochwasser von grünem Spinat lässt diesen dagegen erst recht braun werden (s. S. 229).

All diese Wandlungen erscheinen manchmal rätselhaft, sind aber natürliche Prozesse mit oft geschmacksmodifizierender Wirkung. Wir wollen helfen, sie ein wenig besser zu verstehen – mit kleinen »Insights« in jedem Kapitel: als Einblicke in die wunderbare Welt des Geschmacks.

Die spannenden natürlichen Prozesse und die daraus resultierenden Geschmacksveränderungen, welche sich beim Verarbeiten und Garen von Gemüse ergeben können, versuchen wir jeweils passend bei den einzelnen Gemüsen genauer und mit naturwissenschaftlichem Bezug zu erklären.

Hierbei hilft ein wenig Gespür und etwas Beobachtung. Beispielsweise, um Garvorgänge einzuschätzen: mit bloßem Auge lässt sich erkennen, ab welchem Zeitpunkt die Tomatensuppe optimal köchelt, wir fühlen beim Einstechen mit einem Messer, ob die Karotte weich und gar ist, oder sehen und riechen, wenn Zwiebeln beim Anbraten bräunen und aromatisch zu duften beginnen. Das ist kein Hexenwerk, sondern Beobachtung und angewandtes Know-How. Ein wenig grundsätzliches Wissen über naturwissenschaftlich erklärbare Vorgänge im Kochtopf parat zu haben kann in Bezug auf Geschmack allerdings hilfreich sein.

»Sünne Fett geit nix!«, sagte meine liebe Oma Anni immer und lobte damit den omnipotenten Geschmacksträger. Ein wenig Fett in Form von Butter oder Pflanzenöl bewirkt, dass flüchtige, fettlösliche Aromastoffe und fettlösliche Vitamine aus dem Gemüse aktiviert werden. Und auch als Brat- und Frittiermedium bei hohen Temperaturen hilft es, das optimale Ergebnis zu erzielen. Fett ist also keine möglichst zu vermeidende Kalorienbombe, sondern der Zünder für gezielte Geschmacksexplosionen.

Durch intensive Hitze kann eine weitere Welt der Gemüsearomen eröffnet werden. So beispielsweise durch die »Maillard-Reaktion«. Sie setzt bei Lebensmitteln, die Aminosäuren und einen gewissen Anteil an reduzierendem Zucker (wie Glucose, Fructose, Galactose, Maltose und Lactose) enthalten, ein, wenn ihre Temperatur steigt und kein freies Wasser die Reaktion hemmt. Dies beginnt schon bei geringeren Temperaturen, wird ab ca. 140° intensiver und um ca. 175° entwickeln sich die meisten aromengebenden Stoffe. In komplexen chemischen Prozessen verbinden sich dann die Zucker und Aminosäuren unter Abspaltung von Wasser. Dabei entstehen verschiedene, komplexe Röstaromen und zusätzlich setzt eine Bräunung des Gargutes ein.

Ganz ähnlich verlaufen auch Karamellisierungsprozesse in Lebensmitteln, bei denen hinreichend eigener Zucker vorhanden ist. Wie das geht, wissen wir aus Kinderzeiten vom Herstellen von Karamellbonbons: Aus weißem, süßem, geruchsneutralem Haushaltszucker entsteht intensiv duftender goldgelber Karamell, der zu lange erhitzt immer dunkler wird und bitter schmeckt. Die Karamellisation der in stärkereichen Gemüsen vorherrschenden Zucker findet in den Temperaturbereichen von 110 bis 180° statt. Über diese Temperaturen hinaus entstehen sogenannte Pyrazine, die in geringem Maße ein attraktives, röstiges Aroma hinzufügen, aber schon bald als »verbrannt« wahrgenommen werden.

Häufig überlappen sich Maillard-Reaktion und Karamellisierungsreaktionen, wenn Gemüse z. B. viel Zucker enthält. Das Ergebnis sind röstige, süßlich karamellige Aromen, die sich vollkommen von den bereits im rohen Gemüse vorhandenen Aromen unterscheiden.

Mehr Geschmack Gekonnt kombiniert

Kaviar mit weißer Schokolade, Blauschimmelkäse mit dunkler – das soll schmecken? Und wie! Weil die Schlüsselaromen beider Zutaten übereinstimmen. Die Geheimformel für guten Geschmack also? Dazu braucht es mehr …

Ein Gemüse kommt selten allein. Wird es nicht gerade pur genossen, geht es gerne neue Geschmacksverbindungen mit anderen Zutaten ein. Wie kombiniert man Gemüse aber so, dass es möglichst gut schmeckt?

Tomaten und Vanille, Rote Bete mit Lakritz oder Kaviar und Schokolade – wo kommt man auf derartige Ideen? Im Chemielabor. Dort wurden viele »wilde« Kombinationen Anfang der 90er-Jahre vom britischen Sternekoch Heston Blumenthal entwickelt. Zufällig hatte er Kaviar und Schokolade kombiniert. Um ihrem sensationellen Geschmack auf die Spur zu kommen, tat er sich mit dem Parfümeur und Lebensmitteltechniker François Benzi zusammen. Zusammen stellten sie fest, dass beide Zutaten einen identischen Grundaromastoff beinhalten: Trimethylamin.

Das war die Geburtsstunde des sogenannten »Food-Pairing«. Dessen Hauptaxiom lautet, dass sich zwei Zutaten dann besonders gut vertragen, wenn beide dasselbe Schlüsselaroma besitzen. Ein Verfahren, das in der Gastronomie seitdem begeisterte Anwendung findet. Können auch uns »Pairing-Tabellen« oder »Aromendatenbanken«, die Zutaten mit gleicher chemischer Grundstruktur auflisten, helfen, neue aufregende Geschmackskombinationen zu finden? Und ersetzt der Gaschromatograph zum Bestimmen einzelner Aromastoffe bald den Koch oder das Kochbuch in unseren Küchen?

Das Kombinieren gleicher Aromen verhilft zum einen zu harmonischen Geschmacksverbindungen. Indem man Gleiches zu Gleichem gesellt, kann man aber auch einfach einen speziellen Aromencharakter einer Zutat oder eines Gerichts hervorheben. Erst dupliziert lassen sich nämlich viele Aromanoten klarer erkennen: Das leuchtet bei den gemeinsamen »grünen« Noten von Erbsen und Minze sofort ein; überrascht aber zunächst, wenn man feststellt, dass Rosenwasser, Himbeere und Tomate allein aufgrund ihrer gemeinsamen blumigen Fruchtnoten ein Dreamteam bilden. Dabei können Aromentabellen zwar hilfreich sein. Mindestens genauso wichtig ist es aber, seinen Blick bzw. seine Nase und seine Zunge für die Wahrnehmung einzelner prägnanter Aromen bzw. Aromengruppen zu schärfen – dabei helfen unsere Geschmacksporträts am Anfang eines jeden Kapitels.

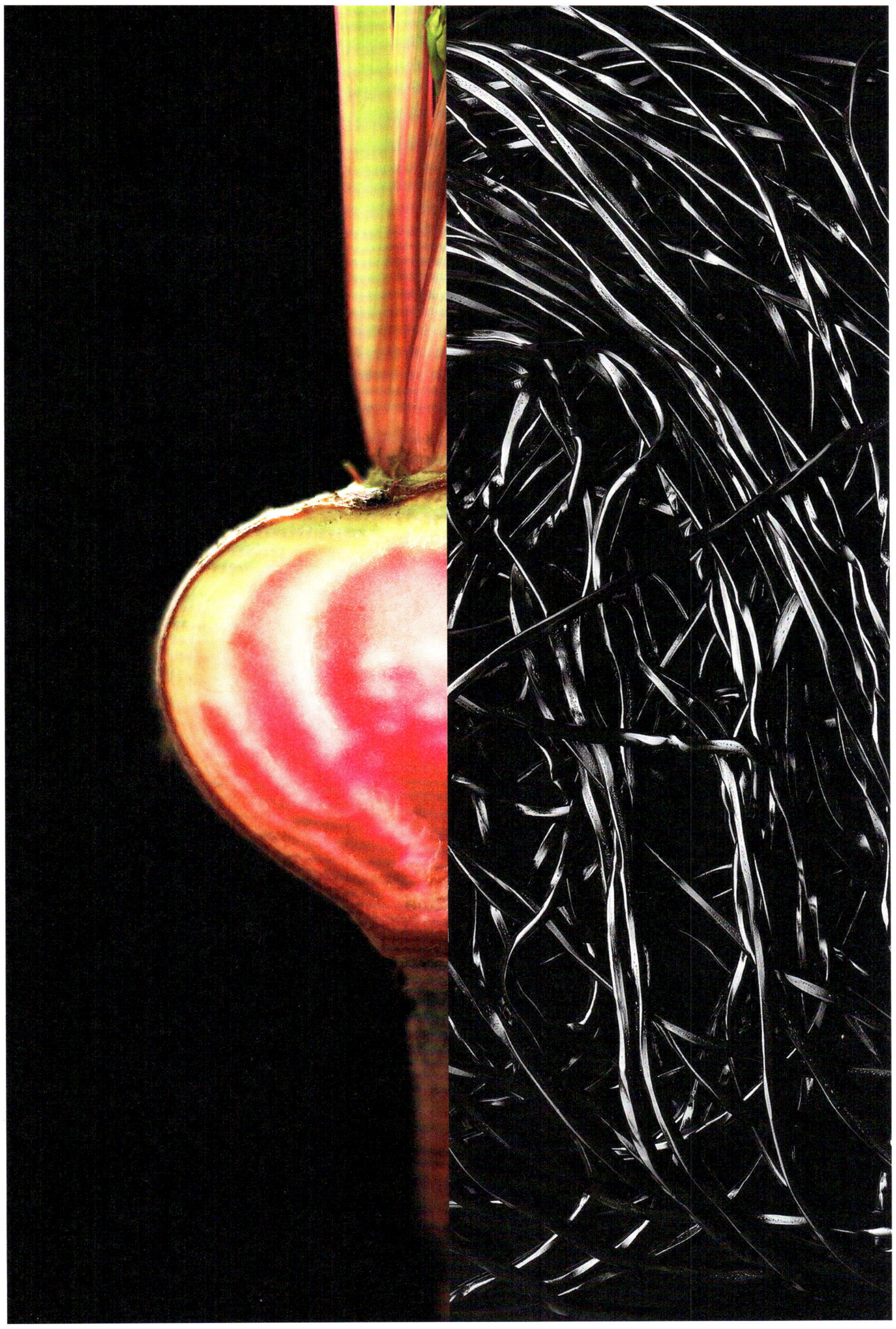

Ein und dasselbe Gemüse in verschiedensten Facetten, gebraten, geröstet, püriert, zu Chips getrocknet, als Asche verkohlt, als Schaum, Gelee oder Saft, das findet man immer häufiger unter Bezeichnungen wie »Variation von …« auf der Speisekarte. Sie zeigen, wie viel Geschmackspotenzial in einem einzigen Produkt stecken kann – unendlich, grenzenlos viel!

Die wenigsten Gemüse besitzen ein duftbestimmendes Schlüsselaroma. Lediglich in Gurken soll ein dominantes Aldehyd für den absolut eindeutig »gurkigen« Geruch verantwortlich sein. Der Duft der meisten Gemüse wird durch viele unterschiedliche Stoffe gebildet, wobei aber nur etwa eine Handvoll aromabestimmend in den Vordergrund treten. Einzelne davon lassen sich also harmonisch nach dem Food-Pairing-Prinzip mit passenden Aromen anderer Lebensmittel kombinieren. Da zu viel Harmonie auf Dauer aber langweilig wird, setzen wir auch auf Kontraste – sowohl auf Aromen- als auch auf Geschmacks- oder Texturebene. Die Rezepte zeigen, wie man mit Mineralien Säure zähmt, sie durch etwas Süße ergänzt, abrundet oder mit Fett harmonisch einbettet. Oder wie eine spitze Säure ein geschmackvolles Ausrufezeichen setzen kann. Besonders reizvoll sind Rezepte, die ein Gemüse in verschiedenen Texturen und Garstufen kombinieren: roh, in Scheiben, fein geraspelt, als Saft gepresst, gegart oder angeröstet – der Geschmack erscheint immer wieder anders und neu.

Kochen & Experimentieren

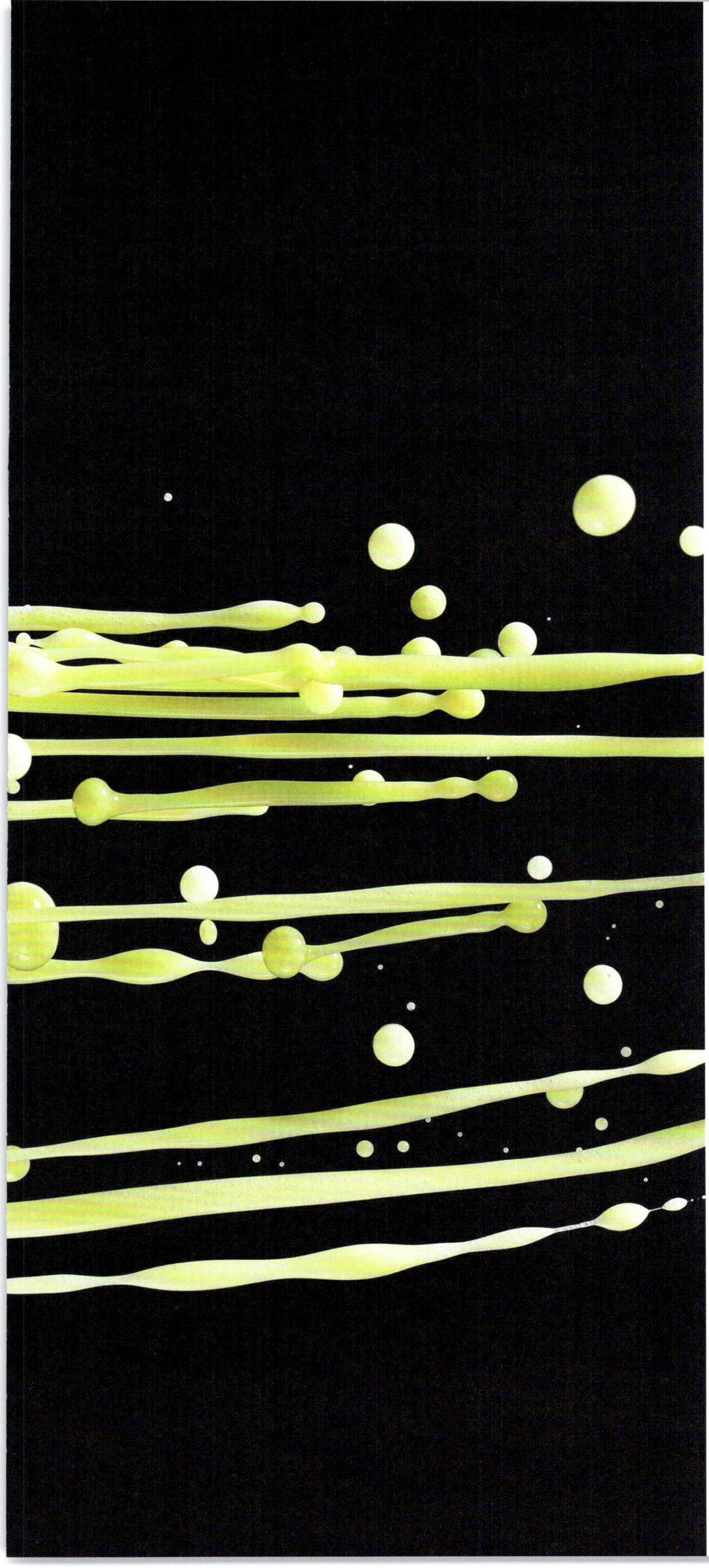

Warum schmeckt ein Gemüse eigentlich so, wie es schmeckt? Und wann schmeckt es warum am besten? Nicht nur Textur, Konsistenz und Inhaltsstoffe einer Gemüsesorte bestimmen den Geschmack, sondern auch die Kombination mit anderen Zutaten und die Zubereitungsart. Unsere Reise beginnt bei der Möhre, die sich geschmacklich eher dezent im Hintergrund zu halten weiß, und endet bei Kohl, der sich stets kräftig in den Vordergrund drängt. Von Rezept zu Rezept erleben unsere Geschmacksknospen jedes Gemüse von einer ganz neuen Seite – und so endet, was zunächst pur und unverfälscht beginnt, mit überraschenden Aromen. Spannende Geschmacks-Insights helfen dabei, das Abenteuer Geschmack nicht nur zu schmecken, sondern es auch zu verstehen.

Möhren

»Daucus carota« lautet der lateinische Name des beliebten Wurzelgemüses. Bei der deutschen Bezeichnung hingegen scheint babylonische Sprachverwirrung zu herrschen: Karotte, Möhre, Mohrrübe, gelbe Rübe, Ruebli, Wuddel in Ostfriesland oder Wortel, gleich über der Grenze bei den holländischen Nachbarn. Die sollen übrigens im 17. Jahrhundert den Wurzeln ihre heutige, typische orange Farbe angezüchtet haben – zu Ehren ihrer Königsfamilie, den »Oranjes«.

Die von den Holländern aus alten Sorten gekreuzte neue, orange Möhre überzeugte durch Geschmack und vor allem Süße – wie gemacht für Babybrei. Bis dahin herrschte bei unkultivierten Möhren farblich ein wüstes Tohuwabohu: Von Weiß über Hellgelb, bis hin zu Tiefrot und Dunkelviolett gab es sie in zahlreichen Farben. Heute findet man auf Bauernmärkten wieder alte und auch viele neu gezüchtete, bunte Möhrensorten.

DIE SORTEN VARIIEREN untereinander in mehr oder minder süßlichem Geschmack, der sich aber deutlich von der dominanten Süße der heute verbreiteten orangefarbenen Möhre abhebt. Um andere, reizvolle Geschmacksnoten von Möhren zu erkunden, lohnt also bereits der Vergleich verschiedenfarbiger Sorten.

Aber auch wer nur ein handelsübliches orangefarbenes Exemplar zur Hand hat, kann eine große Aromenbandbreite schmecken – indem man die Möhre einmal von der Wurzel bis zum Grün mit allen Sinnen erkundet. Herb, leicht bitter ist der erste Duft- und Geschmackseindruck beim Biss in eine Möhre. Für die holzig-harzigen, kräutrig-würzigen, häufig schon an Terpentin erinnernden Duftnoten sind Terpene verantwortlich. Diese als Abwehrstoffe gegen Schädlinge gebildeten typischen Duftstoffe empfinden wir dann auch in anderen Zusammenhängen als »möhrenartig«. Als äußerst flüchtige Aromen verfliegen sie allerdings beim Garen schnell. Dafür entwickeln sich aus den farbgebenden Carotinoiden Aromen in Richtung Rosenblüte, Beeren und Bienenwachs. Gebraten kommen röstige, teils an Nadelhölzer wie Pinien oder Zedern erinnernde Aromen zum Tragen. Im Möhrenkraut finden sich ebenfalls diese würzig-holzigen Noten, allerdings mit wesentlich grünerem und fruchtigerem Charakter – ähnlich denen von Petersilie. Als feine ätherische Noten kommen diese Aromen schon im oberen Ende der Möhre zum Vorschein, wo sich Grün langsam ins Orange mischt. Um diesen Genuss nicht zu verlieren, lässt man den Blattansatz beim Zubereiten am besten dran.

Neben diesen herben Aromanoten werden beim Garen aber vor allem die in Möhren in unterschiedlichster Form enthaltenen Zucker geschmacksbestimmend. Die Herausforderung besteht also darin, ihre Süße gekonnt zu locken, zu unterstreichen, aber auch in Zaum zu halten. Daher soll sich durch unsere Rezepte nicht das appetitliche Orange der Möhre, sondern ihr süßer Geschmack als roter Faden ziehen – wir beginnen roh mit einem Salat und steigern uns bis zur Komplettverwertung von der Wurzel bis zum Grün (Rezepte s. S. 46–53).

• REZEPT 1: ROH

Gut geraspelt oder noch besser im Mörser gestampft werden alle Aromen der rohen Möhre optimal freigesetzt. Um einmal die kräutrig-würzigen, grünen Noten zu betonen, kommt aromaintensives Korianderkraut dazu. Erdnüsse sorgen neben kerniger Textur für Fett und damit optimalen Aromen- und Carotinaufschluss.

• REZEPT 2: SUPERSÜSS

Gajar ka halwa – Möhrenhalwa nennt man dieses Dessert in Indien, wo es bevorzugt an Festtagen serviert wird, nicht zuletzt, weil es richtig lange bei niedrigen Temperaturen garen muss: so verwandelt der reichlich enthaltene Zucker das Gemüse zu einer konfektartigen, süßen Paste. Mehr noch: Zucker und Milch karamellisieren und bringen neue Aromakomponenten. Die Gewürze bringen eine Komplexität zur Süße, die zusätzlich noch durch Rosinen, Trockenfrüchte und Mandeln verstärkt wird.

• REZEPT 3: GEDÜNSTET – FAST KLASSISCH

Vichy Möhren, gedünstet in Butter, kurz karamellisiertem Zucker und Mineralwasser (das nicht unbedingt aus Vichy stammen muss), sind ein französischer Gemüseklassiker. Ihre besondere Konsistenz (s. S. 48) und ihr Glanz sind durch die Hähnchenbrust eigentlich kaum mehr zu toppen: Die sorgt mit ihrer Füllung für einen schönen, leicht herb-würzigen Kontrast zum Karamellton der Möhren.

• REZEPT 4: AROMENSPEKTRUM KOMPLETT

Hier finden sich alle Aromen der Möhre von »leaf to root« in unterschiedlichsten Texturen vereint auf einem Teller: röstig-süßlicher Möhrenbrei, der durch Kardamom eine süß-scharfe, leicht blumige Note erhält. Dazu im Ganzen gegarte Möhren, erfrischender Möhrensaft und Möhrengrün, das es ebenfalls in Form von zwei Texturen gibt: als kräftiges, grasig-herbes Öl und stückige Gremolata mit säuerlichem Sumach.

PERSONEN *4* *ZUBEREITUNG* *15 MIN.*

Möhrensalat mit Erdnüssen und Koriander

Frischekick für süße Möhre, erdiger Nachhall

1,2 kg Möhren
(nach Belieben mit Grün)
4 Bio-Limetten
3 EL Sesamöl
6 EL Öl
1 Prise Cayennepfeffer
Meersalz
200 g Erdnusskerne
(geröstet und gesalzen)
1 kleines Bund Koriandergrün
(nach Belieben mit Wurzeln)

1. Falls Grün an den Möhren ist, das Grün abschneiden und älteres Grün entsorgen. Das zarte Möhrengrün waschen, grob hacken und beiseitestellen. Die Möhren putzen, waschen, schälen und grob raspeln. Die Limetten waschen und trocken reiben, die Schale fein abreiben und den Saft auspressen.

2. Beide Ölsorten, Limettenschale und -saft, Cayennepfeffer und etwas Salz verrühren und mit den Möhren mischen. Den Salat nach Belieben etwas stampfen, z. B. im Mörser.

3. Die Erdnüsse grob hacken oder im Mörser zerstoßen und über den Salat streuen. Den Koriander waschen, trocken schütteln, grob hacken und ebenfalls auf den Salat geben. Falls Möhrengrün beiseitegestellt wurde, auch dieses über den Salat streuen.

TIPP: *Mit gebratenen Garnelen, etwas Fischsauce und Krabbenchips wird der Salat zu einem Gericht. Das Gemüse kann getauscht oder gemixt werden: auch mit Kürbis, Petersilienwurzeln, Sellerie oder unreifer Papaya ist der Salat spannend. Mix and match!*

GESCHMACKS-INSIGHT MÖHREN

Ein echter »Kracher«

AROMENEXPLOSION

Der Biss in eine knackige Möhre ist der Kracher. Aber was macht eigentlich die jeweils, besondere Konsistenz von Gemüse aus? Hauptverantwortlich ist dafür das im Inneren jeder Zelle reichlich enthaltene Wasser, um das sich die umgebenden Zellwände wie ein voll aufgepumpter Luftballon spannen. Ein Biss in eine Möhre hat für ihre Zellen eine ähnliche Wirkung wie ein Nadelstich in den prall gefüllten Luftballon: Sie bersten krachend. Das enthaltene Wasser – und damit auch sämtliche darin befindlichen Nähr- und Aromastoffe – tritt aus. So folgt auf das knackige Geräusch im besten Falle auch gleich noch eine kleine Aromenexplosion im Mund. Allerdings nur, wenn wir richtig gut kauen und möglichst viele Zellwände aufbrechen – oder die Möhre vorher raspeln.

SCHÖN FEST

Zellwände bestehen bei Gemüse hauptsächlich aus Cellulose, Hemicellulose (Polyosen) und Pektin. Letzteres kennen wir als Gelierhilfe für Marmelade. Und so wirkt es auch beim Garen von Möhren, deren Pektinanteil im Gegensatz zu anderen Gemüsen recht hoch ist. Hitze bringt die Pflanzenzellen, ab einem gewissen Punkt zum Platzen, Wasser tritt aus und das Gemüse wird weich und gar. Doch noch bevor dies geschieht, lösen sich die Pektine von der Cellulose und verbinden sich zu Pektinketten, die wie eine Art elastischer Kitt die entstandenen Freiräume zwischen den Cellulosefasern füllen. Die Möhren garen zwar und werden weicher, bewahren aber trotzdem ihre Form – erst bei sehr langen Garzeiten mit hohen Temperaturen zerfallen sie. Mit etwas Zucker lässt sich dieser festigende, gelierende Effekt noch verstärken – genau wie bei unseren glasierten »Vichy Möhren mit Hähnchenbrust« (s. S. 52).

Cellulose, Hemicellulose und Pektin halten die Zellwand stabil und flexibel und bestimmen so den Grad an »Knackigkeit«.

PERSONEN
4

ZUBEREITUNG
20 MIN.

GARZEIT
1 STD.

Indian Carrot Halwa

orientalisch süß und würzig

1 kg Möhren
1,5 l Milch (oder ungesüßter Mandeldrink)
4 grüne Kardamomkapseln
2 Sternanis
2 Nelken
½ Zimtstange
4 Zimtblüten
Meersalz
2 EL Ghee (oder Butter oder Kokosöl)
4 EL Kokosblütenzucker (oder brauner Zucker)
100 g Mandeln
100 g Cashewkerne
100 g Rosinen
100 g weitere getrocknete Früchte (z. B. Berberitzen, Aprikosen, Cranberrys)

1. Die Möhren putzen, falls nötig schälen und mit der Küchenreibe fein in einen Topf reiben. Die Milch unterrühren und alles bei niedriger Hitze unter gelegentlichem Rühren zum sanften Köcheln bringen.

2. Kardamom und Sternanis in einem Mörser leicht anstoßen, die holzigen Teile der Gewürze entfernen. Nelken, Zimtstange und -blüten sowie 1 Prise Salz hinzufügen und alles kräftig zerstoßen.

3. Die Gewürzmischung unter die Möhrenmasse rühren und alles unter Rühren leicht weiterköcheln lassen, bis die Hälfte der Milch reduziert ist und die Möhren sämig werden. Das Ghee und den Zucker hinzufügen und unter Rühren weitergaren.

4. Mandeln, Cashewkerne, Rosinen und getrocknete Früchte grob hacken und mischen. 4 EL der Mischung beiseitestellen, den Rest unter die Möhrenmasse rühren. Die Halwa ist fertig, sobald ein sämiger Brei entstanden ist. Die Halwa auf vier Schalen verteilen, mit der beiseitegestellten Nussmischung bestreuen und warm oder abgekühlt servieren.

PERSONEN *4* *ZUBEREITUNG* *40 MIN.*

Vichy Möhren mit Hähnchenbrust

Hähnchenwürze kontert Möhrensüße

1,2 kg Möhren (mit Grün)
Meersalz
grüner Pfeffer
(frisch gemahlen)
150 g Butter
4 Hähnchenbrustfilets
(à ca. 150 g; ohne Haut)
2 EL Öl
4 EL Zucker
500 ml Mineralwasser

AUSSERDEM:
evtl. 4 Zahnstocher

1. Alle Möhren mitsamt dem Grün waschen. Das Grün abschneiden, älteres Grün entsorgen. Das zarte Möhrengrün grob hacken und mit etwas Salz, Pfeffer und 80 g Butter verkneten. Die Möhrengrün-Butter kalt stellen. Die Möhren putzen, schälen und in ca. 3 cm dicke Stücke schneiden.

2. In die dicke Seite jeder Hähnchenbrust jeweils einen kleinen tiefen Schnitt setzen und je ein Viertel der Möhrengrün-Butter hineinfüllen, die Öffnung eventuell mit einem Zahnstocher verschließen. Das Fleisch mit Salz und Pfeffer würzen. Eine Pfanne auf mittlerer Stufe erhitzen, das Öl hineingeben und die Hähnchenbrüste darin auf beiden Seiten kräftig anbraten. Aus der Pfanne nehmen und beiseitestellen.

3. Die Pfanne einmal kurz ausspülen und erneut bei mittlerer Stufe erhitzen. Die restliche Butter (70 g) und den Zucker hineingeben und schmelzen lassen. Die Möhrenstücke hinzufügen, kurz durchschwenken und mit Salz würzen. Das Mineralwasser angießen. Die Möhren offen bei mittlerer Hitze ca. 4 Min. köcheln, bis sich der Fond etwas reduziert. Die Hähnchenbrüste auf die Möhren legen. Den Fond mit einem Löffel immer wieder über die Brüste gießen und somit das Fleisch und die Möhren glasieren und in 8–10 Min. durchgaren. Abschmecken und beides zusammen anrichten.

TIPP: *Für eine fruchtige Variante die Hälfte des Wassers durch Orangen- oder Apfelsaft ersetzen. Auch Ingwer, Zitronengras, Thymian oder Korianderkörner sind spannende Zutaten, um den Glasiersud zu aromatisieren. Und wer mag, kann das Gericht am Ende mit Kräutern abrunden: Minze, Zitronenthymian, Basilikum, Estragon und Koriandergrün sind reizvolle Partner.*

GESCHMACKS-INSIGHT MÖHREN

Gesunde Farbe

Root to leaf: Die Wurzelspitze der Möhre schmeckt ein wenig herb mit leichten Bitternoten. Knabbern wir vom Mittelteil den äußeren Ring ab, merken wir, dass dort die Noten kräftiger und bitterer sind als im Kern. Der enthält mehr Wasser und Süße. Nähern wir uns dem oberen Ende, mischen sich ätherische grüne Noten ein. Der Blattansatz überrascht mit einer herben, fast sellerieartigen Note. In den Stängeln kommt Süße dazu, das Blattgrün wiederum hat einen herben Charakter, der zwischen Salat und Petersilie schwingt.

GUT FÜR DIE AUGEN

Die heute verbreitete, orangefarbene Möhre ist das Gemüse mit dem höchsten Gehalt an Betacarotin. Carotine sind natürliche Farbstoffe, die Pflanzen beim Stoffwechsel unterstützen. Vor allem da, wo wir es versteckt unter grünem Chlorophyll nicht vermuten würden: im oberirdischen Kraut absorbieren die Farbpigmente Licht mit potenziell gefährlichen Wellenlängen und schützen so die Pflanze. Ähnlich wie im Möhrengrün versteckt sich Carotin übrigens auch in violetten Möhren unter den farbgebenden Anthocyanen; in gelben Möhren kommt es ebenfalls vor, wenn auch in geringerem Maße. Auch uns nützt Betacarotin: Als Vorstufe von Vitamin A, zu dem es in unserem Körper umgewandelt wird, hilft es uns unter anderem bei der Wahrnehmung von Licht, also beim Sehen. Darum brauchen Häschen auch keine Brille …

HITZE + FETT

Carotinoide liegen in den Pflanzenzellen kristallin vor und sind damit nicht wasserlöslich. Das hat den Vorteil, dass Möhren beim Garen in Wasser zwar ihre Farbe behalten, aber den Nachteil, dass wir nicht von ihrem Carotin profitieren. Erst hohe Temperaturen bringen die Zellen zum Platzen und Freisetzen des Farbstoffs – das kann man sehen, wenn man Möhren (aus Versehen) zu lange hoch erhitzt und plötzlich orangefarbener Schaum aufsteigt. Zu starkes und zu langes Erhitzen mindert aber wiederum die Wirksamkeit von Carotin und anderen Stoffen. Was also tun? Es braucht Fett! Ein Möhrensalat mit etwas Öl oder vollfettem Joghurt angemacht oder mit ein paar Nüssen obendrauf schmeckt nicht nur lecker, sondern das Fett sorgt auch dafür, dass unser Körper das fettlösliche Carotin aufnehmen kann. Fett und mäßiges Erhitzen unterstützen das Freisetzen von Carotin doppelt, was wir beim Dünsten mit ein wenig Butter am gelb gefärbten Garsud erkennen können.

HITZE + FETT + WASSER

Möhren sanft mit Fett zu garen, ist prima in Sachen Carotin. Noch besser ist es aber, sie wie bei unserem Rezept sanft in ein wenig Fett und Wasser zu dünsten: so können sich auch alle wasserlöslichen Inhaltsstoffe und Aromen voll entfalten und wir bekommen neben Carotin noch jede Menge Geschmack auf den Teller.

PERSONEN	ZUBEREITUNG	BACKZEIT
4	1 STD.	45 MIN.

Ofenmöhren mit Gremolata und Möhrengrün-Öl

Möhre komplett: von süßer Wurzel bis herbem Grün

2 kg Möhren (mit Grün)
100 ml Öl
2 grüne Kardamomkapseln
100 g Butter
Meersalz
schwarzer Pfeffer (frisch gemahlen)
100 g Sonnenblumenkerne
4 EL Korinthen
2 EL Rapsöl
1 Prise Sumach (getrocknete Blüte des Essigbaums, erhältlich im türkischen Lebensmittelgeschäft)

AUSSERDEM:
ofenfeste Form (ca. 30 × 20 cm)

1. Alle Möhren mitsamt dem Grün waschen, das Grün kurz oberhalb des Ansatzes abschneiden. Die zarten Blätter grob hacken und beiseitestellen. Die gröberen Blätter ebenfalls grob hacken und mit dem Öl in einem hohen Rührbecher mit dem Pürierstab pürieren. Den Backofen auf 160° vorheizen.

2. Die vier größten Möhren mit der Küchenreibe fein raspeln. Die geraspelten Möhren durch ein Tuch oder einfach mit den Händen auspressen und den Saft auffangen. Die ausgedrückten Möhren in eine ofenfeste Form geben und die übrigen Möhren darauflegen.

3. Die Kardamomkapseln kurz andrücken, z. B. mit einem Topfboden, und zu den Möhren geben. Die Butter in Flöckchen auf den Möhren verteilen. Mit Salz und Pfeffer würzen und im Ofen (Mitte) ca. 45 Min. backen, bis die Möhren gar sind (wenn ein spitzes Messer ohne Widerstand hineingleitet). Die Sonnenblumenkerne 10 Min. vor Ende der Backzeit auf einem Backblech oder in einer weiteren ofenfesten Form in den Ofen schieben und rösten.

4. Inzwischen für die Gremolata das gehackte zarte Möhrengrün mit Korinthen, Rapsöl, etwas Salz und Pfeffer sowie dem Sumach vermengen. Das Möhrengrün-Öl-Püree durch ein Sieb passieren und auspressen, dabei das Möhrengrün-Öl auffangen. Die Reste im Sieb entsorgen.

5. Die Kardamomkapseln aus den gebackenen Möhren entfernen. Acht Möhren in der Form lassen und im Ofen warm halten. Übrige Möhren mit den geraspelten Möhren und der Flüssigkeit aus der Form in einem Topf mit dem Pürierstab fein pürieren. Püree mit Salz abschmecken und nochmals erhitzen.

6. Das Möhrenpüree auf Teller verteilen. Die im Ofen warm gehaltenen Möhren daraufgeben. Den aufgefangenen Möhrensaft darum herumziehen, dafür zuvor nach Belieben mit dem Pürierstab aufschäumen. Das Möhrengrün-Öl darum herumziehen und die Gremolata auf die Möhren geben. Mit Sonnenblumenkernen bestreuen.

Erbsen

Hier werden Kindheitserinnerungen wach: Im Garten der Großeltern die jungen Schoten gepflückt, in den Mund gesteckt und gespürt, wie die feste Außenhaut aufplatzte und ihr süßes Mark mit einem Hauch Bitterkeit im Mund freigab … Kaum jemand pflückt heute Erbsen noch selbst, doch wer das Glück hat, sie frisch auf dem Markt zu bekommen, sollte zugreifen – und seinen Kindern zumindest den Spaß gönnen, die runden »Kügelchen« aus den Hülsen zu pulen und durch die Küche kullern zu sehen.

Erbsen gehören genau wie Bohnen und Linsen zur Familie der Hülsenfrüchte. Deren Vertreter zeichnen sich als kleine Energiepakete aus: Sie sind voll sättigender, gut verwertbarer Kohlenhydrate, pflanzlicher Proteine, Vitamine und Mineralstoffe. Protein aus pulverisierten Trockenerbsen ist für Veganer und Bodybuilder von Interesse. Aber warum schenken wir dem wunderbaren, knackig-grünen Gemüse in unverarbeiteter Form so wenig Beachtung?

EIN HAUPTGRUND für die stiefmütterliche Behandlung liegt in der kurzen saisonalen Verfügbarkeit frischer Erbsen von Juni bis Juli. Der andere darin, dass sie sich in dieser knappen Zeitspanne in ihrer Reife zu neuen Samen ständig verändern. Noch frisch und unreif, mit kaum ausgebildeten Samen lassen sich »Zuckererbsen« (auch »Kaiserschoten«) samt weicher Hülle genießen. Grün, und damit immer noch unreif, bildet sich bei den handelsüblichen »Markerbsen« hingegen bereits eine pergamentartige, faserige Haut innerhalb der Hülsen: Die Erbsen müssen »ausgepalt« werden. Weil das zeitaufwendig ist und Erbsen nicht lange lagerbar sind, wird ein Großteil der Ernte sofort verarbeitet und tiefgefroren. Voll gereift lassen sich Markerbsen nicht nutzen: Sie schrumpeln runzelig hart ein und werden selbst durch Garen nicht mehr weich. Dazu braucht es sogenannte »Schal- oder Palerbsen«. Diese können zwar im Prinzip auch unreif, grün gegessen werden, schmecken aber aufgrund des höheren Stärkegehalts weniger süß und werden schnell unangenehm mehlig.

Im Verlauf ihres Wachstums- und Reifeprozesses verändern Erbsen ihren Geschmack ständig, von fast zuckrig-süß bis mehlig und leicht bitter. Mindestens ebenso rasant und spannend ist die Veränderung ihrer Textur: die frische, saftige Knackigkeit bei Zuckerschoten und jungen, grünen Erbsen im Gegensatz zu der musigen, breiig-cremigen Konsistenz von gegarten Trockenerbsen.

Auf Aromenebene haben frische Gartenerbsen viel zu bieten. Vor allem verschiedene Pyrazine sind für ihr entschieden »grünes« Grundaroma verantwortlich. Das schillert allerdings in verschiedensten Nuancen: Man kann grüne Paprika und Apfel, ja sogar grünen Spargel schmecken, mal erscheinen sie grasiger, mal erdiger bis hin zu leicht wachsig-fettig. Dazu kommen würzige, pfeffrige, minzige und sogar blumige Noten. Die lohnt es zu erkunden, auch wenn die Erbse nur einen kurzen Sommer lang tanzt. In vier Rezepten (s. S. 62–73) zeigt sie, dass sie von frühlingsfrisch bis winterlich würzig geschmacklich ein echtes Allroundtalent ist.

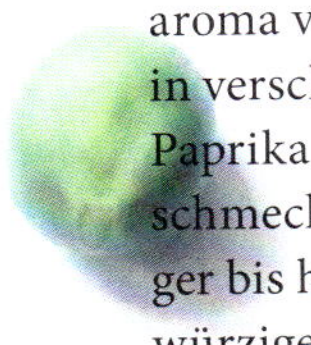

• REZEPT 1: KRÄUTERFRISCH

Sowohl in Farbe als auch im Aroma kommt das Erbsenpesto frühlingsfrisch daher: die grünen, kräutrigen Noten der Erbse erhalten Unterstützung durch Minze, die mit säuerlichem Joghurt noch einen kleinen trigeminalen Kältereiz setzt. Als Gegengewicht zu leichter, säuerlicher Kühle, bringt Parmesan einen rundenden, tieferen Umami-Geschmack, der die Süße der Erbsen stützt.

• REZEPT 2: BODENSTÄNDIG

Eine Art Universalrezept für viele Erbsenarten, das nicht nur durch die unvergleichlich sämige Konsistenz besticht. Die Stärke der getrockneten Erbsen und Kartoffeln verbindet sich mit den kräftigen Aromen von Schinken oder Mettwurst zu vollmundiger Deftigkeit. Als frischen Akzent setzen wir ein paar Kräuter mehr dagegen.

• REZEPT 3: NOT VERY BRITISH

Erbsen mit Minze sind typisch britisch. Genau wie »Mushy oder Mashed Peas«, ein Mus aus gegarten mehr oder weniger getrockneten Erbsen, das in Pubs gerne zu »Fish and Chips« serviert wird. Im Gegensatz zum britischen grob zerdrückten Brei besticht unser feines Püree durch das Grün junger Erbsen. Ihre grünen Aromen spiegeln sich perfekt – und hier klassisch britisch – in frischer Minze. Deren durch säuerliche Crème fraîche verstärkte Frische wird aber dieses Mal durch gebräunte Butter um buttrig-röstige Noten ergänzt: ideal, um die fettig-buttrigen Noten der Erbsen, aber auch die mineralischen Töne der Jakobsmuscheln zu unterstreichen.

• REZEPT 4: INDISCH WÜRZIG

In Indien sind getrocknete, gegarte Erbsen als »Dal« neben Reis Grundnahrungsmittel. Aber auch »Matar« – grüne Erbsen – sind willkommene Abwechslung auf dem Speiseplan. Gerne mit Reis, in dem sich wärmende Gewürze zu Erbse und aromastarkem Lammfleisch gesellen und ein wohlig magenfüllendes Gericht bilden. Dazu Joghurtraita mit kühlender Minze.

PERSONEN 4 *ZUBEREITUNG* 15 MIN.

Erbsenpesto fürs Brot

erfrischend mit würzig-kräftiger Knoblauchnote

200 g Pinienkerne
2 Knoblauchzehen
2 Handvoll Kräuter (nach Belieben, z. B. Minze, Estragon, glatte Petersilie, Kerbel, Dill)
100 g griechischer Joghurt (10 % Fett)
400 g grüne Erbsen (frisch gepalt oder TK-Ware)
100 ml Olivenöl
Meersalz
schwarzer Pfeffer (frisch gemahlen)
4 große Scheiben Brot (z. B. Bauernbrot)
100 g Parmesan (nach Belieben)

1. Die Pinienkerne in einer Pfanne ohne Fett bei mittlerer Hitze goldgelb rösten, herausnehmen und abkühlen lassen. Den Knoblauch schälen.

2. Die Kräuter waschen und trocken schütteln, die Blätter abzupfen und einige für die Garnitur beiseitelegen. Die übrigen Kräuterblätter mit der Hälfte der Pinienkerne, Knoblauch, Joghurt, Erbsen, 50 ml Olivenöl und je 1 großen Prise Salz und Pfeffer im Standmixer fein pürieren.

3. Das Brot im Toaster oder in einer Pfanne kräftig rösten und auf Teller verteilen. Das Erbsenpesto auf die Brotscheiben geben und, falls gewünscht, den Parmesan darüberhobeln. Die Pinienkerne und die beiseitegelegten Kräuterblätter daraufgeben. Zum Schluss alles mit dem restlichen Olivenöl (50 ml), etwas Meersalz und Pfeffer toppen. Das Erbsenpesto schmeckt auch zu Pasta oder Gnocchi sehr gut.

TIPP: *Wer mag, lässt ein paar Erbsen unpüriert und gibt sie später auf das mit Pesto bestrichene Brot.*

GESCHMACKS-INSIGHT ERBSEN
Von süß bis mehlig

LAUNISCH SÜSS

Erbsen sind wetterwendische Wesen. Wer das Glück hat, welche direkt vom Strauch zu naschen, weiß, wie sie ihren Geschmack innerhalb kürzester Zeit verändern – von zuckersüß bis mehlig und leicht bitter. Die Gründe dafür liegen im Stoffwechsel der Pflanze begründet: Ganz junge Erbsenschoten stecken voller Glucose und strotzen nur so vor Wasser. Der Biss in eine Kaiserschote ist süß, knackig und saftig, ihre Farbe knallgrün – weil die Blattgrün produzierende Photosynthese auf Hochtouren läuft. In diesem Prozess wird Glucose ständig neu produziert und als Grundbaustein im Wachstumsprozess zu anderen teils komplexeren Zuckern umgewandelt. Diese sorgen dann z. B. als Baumaterial für Stabilität der Zellwände, fungieren als Transportvehikel innerhalb der Pflanze oder dienen als Reservespeicher für überschüssige, im Moment nicht benötigte Energie. Für uns bedeuten sie bei erntefrischen grünen Erbsen vor allem eins: einen ausgeprägt süßen, zuckrigen Geschmack, der allerdings nicht lange vorhält.

WINTERFEST

Je länger Erbsen reifen, desto stärker nimmt ihre Süße und Knackigkeit ab: sie befinden sich bereits im Sparmodus für ihren Einsatz als Samen im nächsten Jahr. Dazu wandeln sie immer mehr wasserlösliche Glucose in feste Stärkekügelchen um. Das hat auch ökonomische Gründe: Ohne Wasser können diese in wesentlich kompakterer Form gespeichert werden – ein perfekter »Winterspeck«, um die Keimlinge im Frühjahr mit Energie zu versorgen. Gut für die Pflanze, geschmacklich erst einmal wenig attraktiv für uns: Je mehr die Erbsen reifen, desto stärkehaltiger, mehliger und trockener werden sie. Schade, aber letztendlich auch wieder gut für uns: Richtig stärkereich und voll ausgetrocknet sind und waren Erbsen schon immer ein perfekter Wintervorrat. Und in einem deftigen Eintopf lassen sich »Trockenerbsen« zwar geschmacklich in völlig anderer Form, aber ebenfalls spannend neu erwecken.

PERSONEN	ZUBEREITUNG	EINWEICHZEIT	GARZEIT
4	20 MIN.	GGF. 12 STD.	1 STD.

Multi-Erbseneintopf

Erbsen lieben es handfest und deftig

600 g getrocknete Erbsen
(z. B. grüne Schälerbsen, helle und dunkle Kichererbsen, gelbe Erbsen)
4 Schalotten
2 Knoblauchzehen
2 Möhren
4 Stangen Staudensellerie
300 g vorwiegend festkochende Kartoffeln
Meersalz
1 kleines Bund Petersilie
4 Zweige Majoran
2 EL Öl
1 Schweineschinkenknochen
(ca. 600 g, beim Metzger vorbestellen; ersatzweise oder zusätzlich ca. 600 g dicke Rippe)
2 Lorbeerblätter
schwarzer Pfeffer
(frisch gemahlen)
2 Mettwürste (nach Belieben)

1. Die Erbsen waschen und gegebenenfalls einweichen. In ein Sieb abgießen, abbrausen und abtropfen lassen.

2. Schalotten, Knoblauch, Möhren, Sellerie und Kartoffeln waschen, putzen und schälen. Die Putzreste und Schalen mit 2 l kaltem Wasser in einen Topf geben, salzen und zum Kochen bringen. Petersilie und Majoran waschen. Die Blätter abzupfen, hacken und bis zum Servieren abgedeckt kalt stellen. Die Kräuterstiele zu den Gemüseabschnitten in die Brühe geben. Wer ein wenig Zeit hat, lässt die Brühe nun ca. 20 Min. köcheln. Währenddessen alle geputzten und geschälten Gemüsesorten in grobe Würfel schneiden.

3. Einen großen Topf auf mittlerer Stufe erhitzen, das Öl hineingeben und das gewürfelte Gemüse darin anschwitzen. Den Schinkenknochen waschen und mit den Erbsen in den Topf geben. Die Brühe durch ein Sieb dazugießen. Die Lorbeerblätter, etwas Salz und Pfeffer hinzufügen und alles offen unter gelegentlichem Rühren 45–60 Min. köcheln lassen, bis die Erbsen weich sind. Nach Belieben gegen Ende der Garzeit die Mettwürste mitköcheln.

4. Den Herd ausschalten, die Lorbeerblätter und den Knochen aus der Suppe nehmen. Vom Schinkenknochen das Fleisch abzupfen und dieses in die Suppe geben. Die Suppe mit Salz und Pfeffer abschmecken und mit den Kräuterblättern bestreut servieren.

TIPP: *Sowohl die Einweich- als auch die Kochzeit von Erbsen hängt von der Sorte ab. Grüne oder gelbe Erbsen kannst du notfalls auch ohne Einweichen verwenden, sie müssen lediglich etwas länger kochen. Die größeren Kichererbsen hingegen müssen mindestens 8 Std., besser 12 Std. einweichen, damit sie beim Kochen weich werden. Das Einweichen hat außerdem noch einen weiteren großen Vorteil: Die getrockneten Hülsenfrüchte werden bekömmlicher.*

GESCHMACKS-INSIGHT ERBSEN
»Proteine satt«

UMAMI AUS PFLANZEN

Erbsen sind eine prima Sache und ein super Ersatz für tierisches Eiweiß: Trockenerbsen enthalten gut 20 Prozent Protein und sind somit also fast so wertvoll wie ein Steak, da sie dem Körper viele lebenswichtige Aminosäuren bereitstellen. Doch auch geschmacklich sind sie eine gute Alternative zu Fleisch, denn die Proteine sorgen auch für einen Umami-Anteil im Aromenspektrum. In Zukunft also nur noch Erbsen? Kommt darauf an: Pflanzen bilden auch eine Reihe sogenannter »nicht-proteinogener« Aminosäuren. »Nichtproteinogen«, weil sie der menschliche Organismus nicht in Eiweiß umwandeln kann. Ein derartiger von Gartenerbsen gebildeter Stoff namens ß-(Isoxazolin-5-on-2-yl)-alanin (BIA) wirkt ab einer bestimmten Menge wie ein Nervengift. Deshalb brauchen wir aber nicht anzufangen, Erbsen zu zählen: Damit er Wirkung zeigt, müssten wir längere Zeit ausschließlich Erbsen essen. Auch wenn sie prima schmecken – das will garantiert keiner!

GESCHMACKSEXPERIMENT
Erbsen bestechen durch ihr komplexes Süßespektrum, in dem Saccharose und Inositol parallel um die Gunst der Geschmacksknospen kämpfen und damit die Zunge betören und umschmeicheln. Ein Versuch: Das Erbsenpüree zubereiten wie für unsere Jakobsmuscheln (s. S. 70), nur das Salz und den Cayennepfeffer erst einmal weglassen. Einen Klecks davon (oder alternativ ein paar zermuste, ungesalzene Erbsen) auf einen Mandelkeks und dann den Gästen geben – merken die, was sie essen?

PERSONEN
4

ZUBEREITUNG
30 MIN.

Minziges Erbspüree mit Jakobsmuscheln und brauner Limettenbutter

leichte Bitterkeit trifft minzig-frischen Geschmack

12 Jakobsmuscheln (ausgelöstes Muskelfleisch, je nach Geschmack mit oder ohne Rogen)
1 Bio-Limette
250 g Zuckerschoten
1 kleines Bund Minze
Meersalz
1 kg grüne Erbsen (frisch gepalt oder TK-Ware)
250 g Butter
250 g Crème fraîche
1 Prise Cayennepfeffer
2 EL Öl

1. Die Jakobsmuscheln putzen, abbrausen und trocken tupfen. Die Limette waschen und in Scheiben schneiden. Die Zuckerschoten waschen, die Enden abschneiden und, falls nötig, die Fäden abziehen. Die Minze waschen und trocken schütteln, die Blätter abzupfen.

2. In einem großen Topf Salzwasser zum Kochen bringen und die Erbsen darin offen 3–4 Min. kochen. In ein Sieb abgießen und abtropfen lassen, 4 EL davon beiseitestellen. Die Butter in einer Pfanne zerlassen, die Hälfte davon in einer Schüssel beiseitestellen. Übrige Butter mit der großen Menge Erbsen, Crème fraîche, etwas Salz, Cayennepfeffer und der Hälfte der Minze im Standmixer je nach gewünschter Konsistenz von stückig bis ganz fein pürieren.

3. Die Pfanne auf mittlerer bis hoher Stufe erhitzen und das Öl hineingeben. Die Jakobsmuscheln mit Salz würzen und in der Pfanne von beiden Seiten je ca. 1 Min. anbraten. Limettenscheiben, Zuckerschoten und die restliche zerlassene Butter hinzufügen und alles unter Wenden ca. 2 Min. garen, bis die Zuckerschoten und die Jakobsmuscheln knapp gar sind und die Butter braun wird. Die beiseitegestellten Erbsen hinzufügen.

4. Das Erbspüree, falls nötig, nochmals erhitzen und auf vier Teller geben. Jakobsmuscheln mit Zuckerschoten und Limetten daraufgeben, alles mit 1 Prise Salz würzen, mit der gebräunten Butter aus der Pfanne beträufeln und mit den restlichen Minzeblättern garnieren.

PERSONEN
4

ZUBEREITUNG
50 MIN.

Lamm Keema biryani

wohlig-wärmende Geschmacksexplosion

BIRYANI:
300 g Basmati-Reis
1 Zimtstange
2 getrocknete Chilischoten
2 Nelken
1 Prise gemahlener Safran
(oder gemahlene Kurkuma)
Meersalz
2 rote Zwiebeln
4 Tomaten
160 g Mandelstifte
2 EL Ghee (oder Öl)
600 g Lammhackfleisch
100 g Rosinen
400 g grüne Erbsen
(frisch gepalt oder TK-Ware)
4 Frühlingszwiebeln

CURRYPASTE:
2 Sternanis
2 grüne Kardamomkapseln
1 Zimtstange
2 getrocknete Chilischoten
2 Nelken
2 Knoblauchzehen
1 Stück Ingwer (ca. 3 cm lang)

RAITA:
300 g Joghurt
Meersalz
1 Prise Cayennepfeffer
½ Salatgurke
1 kleines Bund Minze
1 kleines Bund Koriandergrün

1. Den Reis in einem Sieb unter fließendem Wasser waschen, bis das Wasser klar abläuft. Mit Zimtstange, Chilischoten, Nelken, Safran, etwas Salz und 600 ml Wasser in einem Topf mit geschlossenem Deckel zum Kochen bringen. Dann bei schwacher Hitze 10–15 Min. bissfest quellen lassen.

2. Für die Currypaste Sternanis und Kardamom in einem Mörser kurz anmörsern, die äußeren, holzigen Teile der Gewürze entfernen. Die Zimtstange und die Chilischoten etwas kleiner brechen, mit den Nelken in den Mörser geben und grob zerstoßen. Den Knoblauch und den Ingwer schälen, grob hacken und ebenfalls in den Mörser geben. Alles zu einer Art Paste mörsern.

3. Für die Raita den Joghurt mit Salz und Cayennepfeffer verrühren. Die Gurke waschen und mit der Küchenreibe grob zum Joghurt raspeln. Die Minze waschen und trocken schütteln, die Blätter abzupfen und hacken. Die Hälfte der gehackten Minze unter den Joghurt rühren, die übrige Minze abgedeckt im Kühlschrank beiseitestellen. Den Koriander waschen, trocken schütteln, hacken und ebenfalls kalt stellen.

4. Die Zwiebeln schälen und in kleine Würfel schneiden. Die Tomaten waschen, von den Stielansätzen befreien und in kleine Würfel schneiden. Die Mandelstifte in einer großen Pfanne bei mittlerer Hitze goldbraun rösten, herausnehmen und beiseitestellen.

5. Das Ghee in die Pfanne geben und die Zwiebeln mit dem Lammfleisch hinzufügen. Alles mit Salz würzen und unter Wenden hellbraun braten. Die Currypaste hinzufügen und kurz mitbraten. Tomaten, Rosinen und Erbsen hinzufügen und alles kurz weitergaren. Nebenher die Frühlingszwiebeln waschen, putzen und leicht schräg in dünne Scheiben schneiden. Die Hälfte der Frühlingszwiebeln und den Reis unter die Fleischmischung in der Pfanne mengen. Den Reis auf Tellern anrichten. Beiseitegestellte Minze, Koriander und übrige Frühlingszwiebeln darübergeben und die Mandelstifte daraufstreuen. Raita dazu servieren.

Kürbis

»Süßes oder Saures!«, lautet die Forderung von Kindern, die am Abend vor Allerheiligen verkleidet um die Häuser ziehen. Ein Halloweenbrauch, der aus den USA zu uns gelangte. Auch was Kürbis als Gemüse angeht, scheinen uns amerikanische Bräuche angeregt zu haben. Nachdem Kürbis jahrzehntelang wenig geschätzt und nur als Pickle-Gemüse bekannt war, erlebt er eine Renaissance. Als Suppe, süßer Pie nach US-Vorbild oder auch mal sauer eingelegt – aber mit völlig neuem Geschmack.

Wie Halloween haben Kürbisse ihre ursprüngliche Heimat auf dem amerikanischen Kontinent, wo sie in Nord-, Mittel- und Südamerika domestiziert wurden. Von dort aus verbreiteten sie sich in die ganze Welt. Zusammen mit Melonen und Gurken bilden sie eine schrecklich nette, große Familie mit rund 800 verwandten Arten. Ganz unter sich bilden Kürbisse fünf Gattungen, von denen drei bei uns verbreitet sind.

EGAL OB RUND, OVAL oder schlangenförmig, münzgroß, zentner- oder sogar tonnenschwer, mit glatter, wachsiger, warziger oder gefurchter Haut – die bei uns gängigen Arten lassen sich in Garten-, Riesen- und Moschuskürbisse unterteilen. Gartenkürbisse, wie z. B. Zucchini, Patissons und Spaghettikürbisse, zeichnen sich durch eher zarte, grün-grasige Aromen aus. Bei einigen Gartenkürbissorten können die Aromen intensiver, stechender grasig oder sogar erdig wirken. Zu den Riesenkürbissen zählen Sorten wie der Gelbe Zentner, Turbankürbisse und der erstmalig in Japan gezüchtete Hokkaido. Neben grünen Düften enthalten sie zusätzlich fruchtige, blütenartige und nussig-mandelartige, süßliche Komponenten. Die dritte Gruppe der Moschuskürbisse, zu denen auch der Butternusskürbis zählt, zeichnet sich durch intensivere, wachsig-fettige und leicht an Walnüsse erinnernde, zartbittere Noten aus.

Bei fast allen gängigen Kürbissorten ist eine durch die enthaltenen Zucker und Stärke bedingte feine Süße geschmacksbestimmend, die sich je nach Garmethode verstärkt. Leicht bittere Geschmacksnoten aufgrund pflanzeneigener Abwehrgifte (Cucurbitacine) sind in Ansätzen auszumachen und spannend, aber mit Vorsicht zu genießen (s. S. 87). In den für die Rezepte (s. S. 78–89) ausgewählten, gängigen Sorten kommen diese allerdings ohnehin nur in verschwindend geringen Mengen vor.

• REZEPT 1: PERFEKT AUSBALANCIERT

Süßes Kürbisfleisch verträgt als Ausgleich gut ein bisschen Säure. Die bekommt es hier in Form von Orangensaft, der sogar noch etwas Süße hinzufügt. Dill betont die frischen, grünen Noten. Butter verstärkt die eher fettigen, wachsigen Aromen und verleiht dem Ganzen eine verbindende, schmelzende Textur. Chili bringt trigeminale Reize und somit Spannung in das Gericht.

• REZEPT 2: SÜSS-WÜRZIG

Im Ofen gebacken offenbart sich der süße Grundgeschmack des Kürbisses noch deutlicher, wenn sich zum süßen Grundgeschmack karamellig-röstige Aromen gesellen (s. S. 86). Gewürze mit fast ausschließlich süßlicher Grundnote verstärken den wohligen Charakter des weich gegarten, warmen Kürbisfleisches. Joghurt bildet dazu das passende, kontrastierend kühle Bett und verhindert mit säuerlichem Sanddorn und der Prise Cayenneschärfe allzu viel Lieblichkeit. Fehlt nur noch ein Gegenpol zum an sich cremig gehaltenen Gericht: knackige Haselnüsse, die die nussigen Aromen des Kürbisses aufnehmen.

• REZEPT 3: SAUER

Hier macht's (vor allem) der Kürbis: Sorten wie Hokkaido oder Moschus bringen mehr Aroma, Süße und auch eine etwas andere Konsistenz als die traditionell fürs Einlegen verwendeten, festen Gartenkürbisse. Beim süßsauren Einkochsud sorgt neben Essig Apfelsaft für eine deutlich fruchtigere, frischere Säure. Ingwer und Chili bringen dann noch als Gegenspieler zur Süße erfrischende Schärfe ins Glas. Die ist ganz besonders reizvoll im Kontrast zum Tafelspitz in milder heller Sauce.

• REZEPT 4: RÖSTIG-WÜRZIG

Ofenkürbis die Zweite: hier in Form eines wunderbar cremigen Pürees, bei dem alle Röst- und Karamellnoten vom Kürbis zum Tragen kommen. Herber Schwarzkümmel betont die leichte Bitterkeit, süßlicher Koriander die Süße des Kürbisfleisches. Die malzig-süßlichen Röstnoten vervielfachen sich in Malzbier und herb-karamelligem Krokant. So verträgt sich der feine Kürbisgeschmack umso besser mit einem intensiv aromatischen Stückchen Entenbrust.

PERSONEN *4*

ZUBEREITUNG *20 MIN.*

Orangen-Butter-Kürbis

Orangenfruchtigkeit hebt Kürbismilde, Butter verbindet

1 kg fester Kürbis (z. B. Muskat- oder Butternusskürbis)
3 Bio-Orangen
1 rote Chilischote
125 g Butter
Meersalz
1 kleines Bund Dill

1. Den Kürbis waschen und, wenn es ein ganzer Kürbis ist, halbieren. Den Stielansatz herausschneiden und das faserige Innere mit den Kernen mit einem Esslöffel entfernen. Kürbissorten mit dicker, harter Schale schälen.

2. Kürbis erst in Spalten und diese anschließend in ca. 0,5 cm dicke Scheiben schneiden. Die Orangen waschen und trocken reiben, die Schale abreiben und den Saft auspressen. Die Chilischote waschen, putzen und in Ringe schneiden.

3. Die Butter in einer Pfanne bei mittlerer Hitze zerlassen. Die Kürbisscheiben hinzufügen, durchschwenken und mit Salz würzen. Die Chiliringe und den Orangensaft hinzufügen. Den Kürbis offen unter gelegentlichem Rühren in 5–10 Min. bissfest garen.

4. Inzwischen den Dill waschen und trocken schütteln, die Blätter abzupfen und grob hacken. Den Dill und die Orangenschale unter den Kürbis mengen. Das Gericht nochmals mit Salz abschmecken.

TIPP: *Kürbissorten wie Butternuss- und Hokkaidokürbis mit einer eher dünne Schale musst du nicht schälen, da die Schale beim Garen weich wird. Die Schale der meisten anderen Kürbissorten hingegen ist ziemlich dick und fest und sollte bei diesem Gericht vor dem Garen entfernt werden. Kürbiskerne kannst du waschen und ausgebreitet auf einem Brett oder Blech an der Luft trocknen lassen, herauslösen und pur oder geröstet knabbern.*

GESCHMACKS-INSIGHT KÜRBIS
Harte Schale, weicher Kern

HARTE SCHALE, GESCHMACKVOLLER KERN

Kürbisse zählen botanisch zu den Beeren – genau wie z. B. Johannis- oder Heidelbeeren, aber auch Tomaten. Im Gegensatz zu diesen Beeren entwickeln sie aber eine ausgesprochen harte Außenhaut, weshalb sie auch »Panzerbeeren« genannt werden. Die oft trocken, fast verholzt wirkende Schale hilft nicht nur gegen Schädlinge: Sie ermöglicht den enthaltenen Samen auch bei hohen Temperaturen, wenig Wasser und ersten Nachtfrösten auszureifen. Sie hat aber beim Kochen für uns den Nachteil, dass Kürbisse bis auf wenige Sorten wie z. B. Hokkaido vor dem Verzehr geschält werden sollten.

Mit Wasser nehmen Kürbisse Nährstoffe auf und wachsen schnell. Um Geschmack zu entwickeln, brauchen sie zusätzlich Sonne. Ein möglichst konstantes, feuchtwarmes Klima wie in ihren ursprünglichen Herkunftsländern wäre ideal. Vor allem ein paar Tage wärmende Sonne nach den eigentlichen Wachstums- und Reifeprozessen sind geschmacksentscheidend. Dann kann die Frucht zusätzlich Zucker- und Stärkedepots für später aufbauen, die sich in einem vollen, süßlichen Geschmack und einem festeren, weniger wässrigen Fruchtfleisch zeigen. Ein Zuviel an Sonne bzw. zu wenig Wasser führt allerdings zu übermäßiger Stärkeproduktion – das Fruchtfleisch wird trocken und mehliger. Aufgrund drohender Nachtfröste werden Kürbisse in unseren Breiten oft zu frühzeitig geerntet. Dann sollte man sie einige Zeit nachreifen lassen, damit sich ihr voller Geschmack entwickelt.

KERNIG, MIT BISS

Kürbiskerne lassen sich aus fast allen Kürbissorten gewinnen, müssen aber getrocknet und geschält werden. Einen Vorteil hat hier der Steirische Ölkürbis: Bei ihm wurden die samenumgebenden harten Schalen auf ein feines Häutchen zurückgezüchtet, das sich leicht entfernen lässt. Das nussig intensive Aroma der Kürbiskerne findet sich dann noch intensiver im dunkelgrünen, aus gerösteten Samen gepressten »Kernöl« wieder. Es eignet sich nicht nur zum Anmachen von Salaten, sondern zum (auch optischen) Verfeinern vieler Speisen.

Einen reifen Kürbis erkennt man an der intensiven Färbung, einem verholzten, trockenen Stiel und daran, dass sich die Schale nicht mehr mit dem Fingernagel einritzen lässt.

PERSONEN 4 | ZUBEREITUNG 20 MIN. | GARZEIT 55 MIN.

Ofenkürbis mit Haselnuss, Joghurt und Sanddorn

kräftige Röstaromen, karamellige Süße, feine Säure

150 g Haselnusskerne
1 kg Kürbis (z. B. Muskatkürbis, Bulgarischer Bratkürbis oder Hokkaidokürbis)
½ Vanilleschote
1 Zimtstange
4 Sternanis
2 Nelken
2 grüne Kardamomkapseln
1 Msp. Cayennepfeffer
100 g Butter (oder Kokosöl)
Meersalz
1 kleines Bund Estragon (oder Thai-Basilikum, Zitronenmelisse)
320 g griechischer Joghurt (10 % Fett)
4 El Sanddornmark (z. B. aus dem Reformhaus; alternativ passt auch Lemon Curd oder Orange Curd)
2 EL Kürbiskernöl
schwarzer Pfeffer (frisch gemahlen)

1. Den Backofen auf 180° vorheizen. Die Haselnüsse auf einem Backblech verteilen und im Ofen (Mitte) ca. 10 Min. rösten.

2. Inzwischen den Kürbis waschen, den Stielansatz und die Kerne entfernen. Den Kürbis in ca. 3 cm dicke Spalten schneiden. Ein Backblech mit Backpapier auslegen und die Kürbisspalten darauflegen.

3. Die Vanilleschote in vier Stücke schneiden, die Zimtstange etwas kleiner brechen. Vanille, Zimtstange, Sternanis, Nelken und Kardamom zusammen in einem Mörser kurz anstoßen. Die Gewürzmischung mit dem Cayennepfeffer auf dem Kürbis verteilen. Die Butter in Flöckchen auf dem Kürbis verteilen. Den Kürbis mit Salz würzen.

4. Die gerösteten Nüsse aus dem Ofen nehmen und abkühlen lassen. Den Kürbis im Ofen (Mitte) je nach Sorte 30–45 Min. garen, bis er weich und stellenweise schon braun angeröstet ist.

5. Die abgekühlten Haselnüsse im Mörser leicht anstoßen. Den Estragon waschen und trocken schütteln, die Blätter abzupfen und grob schneiden oder zerzupfen. Den Joghurt glatt rühren und auf eine Platte oder Teller verteilen. Sanddornmark und Kernöl darum herumziehen. Den Kürbis daraufsetzen, mit Haselnüssen und Estragon bestreuen und mit Salz und Pfeffer würzen.

TIPP: *Dieses Gericht funktioniert auch als Dessert – man würzt nur ganz leicht mit Salz und zieht zum Servieren 8 EL Ahornsirup über den Kürbis. Den Joghurt dann nach Belieben mit 50 g Zucker und ½ TL Vanillepulver verrühren, in vier gefriergeeignete Portionsformen füllen und im Tiefkühlfach ca. 2 Std. gefrieren. Als süßen-cremigen Abkühler zum heißen Kürbis reichen.*

PERSONEN	ZUBEREITUNG	EINKOCHZEIT	GARZEIT
4	40 MIN.	20 MIN.	1 STD. 30 MIN.

Süßsauer eingelegter Kürbis mit Kalbstafelspitz

Säure, Süße, würzige Aromen und sahnige Dichte

KÜRBIS:
1 kg fester Kürbis (z. B. Muskat- oder Butternusskürbis)
800 ml Apfelsaft
200 ml milder Essig (z. B. Apfelessig oder Balsamico bianco)
200 g brauner Zucker
25 g Ingwer
1 kleine rote Chilischote
Meersalz
1 kleine Handvoll Gewürze (nach Wahl, z. B. Sternanis, Zimtstange, Zimtblüte, Wacholderbeeren, Pfeffer, Lorbeer, Vanilleschote, Nelken, Senf-, Korianderkörner)

TAFELSPITZ:
1 kg Kalbstafelspitz
2 Möhren | 6 Schalotten
4 Stangen Staudensellerie
Meersalz
1 kleines Bund glatte Petersilie
1 kleines Bund Kerbel
75 g Butter | 3 EL Mehl
250 g Sahne
schwarzer Pfeffer (frisch gemahlen)

AUSSERDEM:
4 Einmachgläser (à ca. 400 ml; mit Gummis und Klammern)

1. Einmachgläser mit kochendem Wasser ausspülen und in die Fettpfanne des Backofens (oder ofenfeste Form) stellen, sodass sie sich nicht berühren. Kürbis waschen, ggf. halbieren, Stielansatz und Kerne entfernen. Kürbissorten mit dicker, harter Schale schälen. Kürbis ca. 3 cm groß würfeln und in die Gläser verteilen, sodass zum Glasrand noch ca. 2 cm Platz bleibt.

2. Apfelsaft, Essig und Zucker in einen Topf geben. Ingwer schälen, Chili waschen und putzen. Beides fein hacken und mit 1 TL Salz und den Gewürzen zur Saftmischung geben. Sud zugedeckt bei mittlerer Hitze aufkochen, auf die Gläser verteilen, dabei die Gewürze gleichmäßig verteilen. Gläser verschließen. So viel Wasser in die Fettpfanne (oder Form) gießen, dass die Gläser etwa 3 cm hoch darin stehen. In den Ofen (Mitte) schieben. Backofen auf 150° einschalten. Sobald die Flüssigkeit in den Gläsern perlt, den Kürbis ca. 20 Min. einkochen. Gläser herausnehmen, abtrocknen und abkühlen lassen.

3. Fleisch von Sehnen und Häutchen befreien, in einen Bräter mit Deckel geben. Möhren, Schalotten und Sellerie schälen bzw. waschen und putzen. 2 Schalotten fein würfeln, beiseitestellen. Restliche Schalotten, Möhren und Sellerie walnussgroß schneiden, zum Fleisch geben. So viel Wasser angießen, dass das Fleisch gut bedeckt ist. Ca.1 TL Salz hinzufügen. Petersilie und Kerbel waschen, trocken schütteln. Blätter abzupfen, kühl stellen. Stiele zum Fleisch geben. Fleisch zugedeckt im Ofen (Mitte) ca. 1 Std. 30 Min. garen, bis sich ein Messer widerstandslos hineinstechen lässt. Ist es gar, 500 ml vom Fond durch ein Sieb passieren und auffangen. Fleisch im restlichen Sud warm halten.

4. Während das Fleisch gart, 400 ml Kürbissud mit Gewürzen in einem kleinen Topf auf ca. 100 ml einköcheln lassen. In einem weiteren Topf 75 g Butter aufschäumen, Schalottenwürfel kurz darin anschwitzen. Mehl hinzufügen, ca. 1 Min. anschwitzen. Aufgefangenen Fleischfond und Sahne mit dem Schneebesen unterrühren, unter gelegentlichem Rühren ca. 5 Min. köcheln. Mit Salz und Pfeffer abschmecken. Fleisch in Scheiben schneiden. Mit Sauce, Kürbis und Kräuterblättern auf Tellern anrichten. Reduzierten Kürbisfond durch ein Sieb passieren und zum Schluss auf den Teller geben.

GESCHMACKS-INSIGHT KÜRBIS

Süßes liebt Saures

VOLL SÜSS

Für Kürbisse wie Hokkaido oder Butternuss ist Ofengaren ideal: Aufgrund ihres hohen Zucker- und Stärkegehaltes entwickeln sie einen intensiv süßen Geschmack und eine mundschmeichelnde Konsistenz. Beim Garen quillt die enthaltene Stärke zunächst im reichlich vorhandenen fruchteigenen Wasser auf. Ab einer bestimmten Temperatur und Garzeit verwandelt sie sich in bindenden Zucker, der dem Fruchtfleisch eine cremige, weiche Textur verleiht. Im Rahmen des Bräunungsprozesses karamellisieren zusätzlich verschiedene enthaltene Zucker. Sie verstärken nicht nur den grundsätzlich süßen Geschmack des gegarten Fruchtfleisches, sondern sorgen für zusätzliche karamellig-süße Röstaromen (s. S. 35). Wird der Kürbis zu Beginn des Garprozesse mit Öl oder Butter bestrichen, beteiligt sich das Fett an den Bräunungsreaktionen auf der Oberfläche: Der Geschmack wird noch intensiver. Das Fett verhindert zusätzlich nicht nur, dass Flüssigkeit verdampft, sondern es leitet die Hitze ins Innere des Kürbisses, der dadurch schneller gart.

SAUER, SELTEN BITTER

Wo Süße vorherrscht, sollte Säure nicht weit sein. Darum verträgt sich Kürbis eingelegt gut mit Essig, gegart mit einem Spritzer Orangensaft oder etwas säuerlicher Crème fraîche oder Joghurt. Der leicht bittere Geschmack bestimmter Kürbissorten (z. B. Moschuskürbis) sorgt zusätzlich für Spannung und kann durch weitere bittere Noten, z. B. von Nüssen oder Gewürzen wie Bockshornklee oder Kardamom, noch betont werden. Zu viel Bitterkeit bei (rohem) Kürbis sollte jedoch stutzig machen – es könnte ein Hinweis auf Cucurbitacine sein. Diese auch in Gurken und Zucchini vorkommenden Abwehrstoffe gegen Schädlinge sind aus gängigen Sorten weitgehend herausgezüchtet. Beim (zufälligen) Kreuzen mit alten Sorten oder durch große Hitze während des Wachstums können sie aber wieder aktiviert werden und schwere Lebensmittelvergiftungen auslösen. Schmeckt also ein roher oder gegarter Kürbis auffällig bitter, ist Vorsicht geboten.

PERSONEN
4

ZUBEREITUNG
40 MIN.

GARZEIT
50 MIN.

Entenbrust in Malzbierbutter mit Ofenkürbispüree und Kürbiskernkrokant

all in – röstig, malzig, salzig, süß

1,5 kg Kürbis (z. B. Muskatkürbis, Bulgarischer Bratkürbis oder Hokkaidokürbis)
1 TL Schwarzkümmelsamen
½ TL Korianderkörner
1 Prise Chiliflocken
2 EL Olivenöl
Meersalz
4 EL Kürbiskerne
ca. 2 EL Öl
150 g Zucker
2 EL weißer Sesam
6 Stangen Staudensellerie (mit Grün)
4 kleine Entenbrüste (à ca. 150 g; mit Haut)
schwarzer Pfeffer (frisch gemahlen)
250 g Butter
250 ml Malzbier

AUSSERDEM:
ofenfeste Pfanne

1. Backofen auf 180° vorheizen. Kürbis waschen, falls nötig schälen. In ca. 3 cm dicke Spalten schneiden, dabei Stielansatz und Kerne entfernen. Auf ein mit Backpapier ausgelegtes Backblech legen. Hälfte des Schwarzkümmels, Koriander und Chiliflocken im Mörser kurz anstoßen und auf dem Kürbis verteilen. Kürbis mit Olivenöl beträufeln, salzen und im Ofen (Mitte) 30–45 Min. garen, bis er weich und stellenweise gebräunt ist.

2. Inzwischen Kürbiskerne hacken. Ein weiteres Blech mit Backpapier auslegen, 1 Tropfen Öl mit einem Tuch darauf verreiben. Zucker in einer Pfanne bei mittlerer Hitze zunächst ohne Rühren erwärmen, bis er beginnt flüssig und goldbraun zu werden. Dann unter Rühren mit einem Holzkochlöffel vollständig schmelzen. Kürbiskerne und Sesam unterrühren, dann 1 große Prise Salz. Auf das geölte Backpapier gießen, mit einem Bogen Backpapier abdecken und mit dem Nudelholz dünn ausrollen. Den Krokant auskühlen lassen.

3. Sellerie waschen und putzen. Blätter grob hacken, beiseitestellen. Stangen schräg in ca. 0,5 cm dicke Scheiben schneiden. Entenbrüste von Sehnen und Federansätzen befreien, Haut mit einem scharfen Messer mehrfach leicht einschneiden. Salzen und pfeffern. Restliches Öl (ca. 2 EL) in einer ofenfesten Pfanne erhitzen, Fleisch mit der Haut nach unten ca. 2 Min. hellbraun anbraten. Wenden, Selleriestücke hinzufügen und 2 Min. weiterbraten. Herd ausschalten. Hälfte der Butter in die Pfanne geben. Sobald sie zu bräunen beginnt, 150 ml Malzbier hinzufügen. Kürbis aus dem Ofen nehmen. Ofen ausschalten, Fleisch darin bei leicht geöffneter Ofentür in 3–4 Min. gar ziehen lassen.

4. Acht Kürbisstücke zum Fleisch geben. Übrige Kürbisstücke ohne grobe Gewürze in einem Topf fein pürieren. Übrige Butter (125 g) in Flöckchen und restliches Malzbier (100 ml) unterrühren. Unter Rühren bei mittlerer Hitze erwärmen, abschmecken. Fleisch auf dem Herd bei mittlerer Hitze ca. 2 Min. erhitzen, dabei mit einem Löffel immer wieder heißen Sud darübergießen. Aus der Pfanne nehmen, restlichen Schwarzkümmel und Selleriegrün in den Sud geben, abschmecken. Kürbispüree auf Teller verteilen, Sud mit Gemüse darübergeben. Fleisch daraufsetzen. Krokant in Stücke brechen und daraufgeben.

Fenchel

Neben Möhre ist es meist Fenchel, mit dem wir als Baby erste kulinarische Bekanntschaft machen – und zwar in Form von süßlichem Tee aus Fenchelsamen. Dabei entfalten die Samen bereits jene Aromen, die einem auch im Fenchelgemüse wieder begegnen und an denen Weinkenner oft scheitern, wenn es darum geht, den passenden Wein zum Gemüse zu empfehlen. Zeit, sich der doppelt spannenden geschmacklichen Herausforderung von Knolle und Samen zu stellen!

Fenchel gelangte bereits im Mittelalter durch Mönche nach Mitteleuropa. Allerdings fristete er dann jahrhundertelang ein eher verstecktes Dasein hinter den Mauern von Klöstern, in deren Gärten er für medizinische Zwecke gezogen wurde. Erst spät, im 19. Jahrhundert, wurde aus der »Arzneipflanze« das uns heute bekannte Gemüse kultiviert.

SEINE ABSTAMMUNG von der Gewürzpflanze kann Gemüsefenchel nicht verleugnen. Er beinhaltet die meisten der intensiven Aromen, die auch in Fenchelsamen vorkommen. Und die machen ihn neben seinem eigentlich eher unspezifischen, leicht süßlich-bitteren Grundgeschmack besonders interessant, aber auch anspruchsvoll.

Fenchelduft, aber auch -geschmack werden durch vier anteilsmäßig am meisten vorkommende Aromen bestimmt: durch süßlich anis- bzw. lakritzartiges Anethol, orangen- und zitronenartiges Limonen, leicht bitteres, kampferartiges Fenchon und etwas frischeres, grüner wirkendes, ebenfalls lakritzartiges Estragol. Die dezidiert süßliche Grundnote aller vier Aromen verstärkt den leicht zuckrigen Geschmack von Fenchel und verdeckt viele ebenfalls vorkommende würzig-holzige, leicht kühl-minzige oder blumig-vanilleartige Aromen. Trotzdem tragen auch diese versteckteren Noten zum sehr speziellen, vielschichtigen, schwer fassbaren Geschmackseindruck und dem leicht »medizinischen« Ton bei.

Um Herr dieses überwältigenden Aromenfeuerwerks zu werden, lohnt es sich, einzelne Aromen des Gemüses durch gezielte Kombination mit ähnlichen Geschmacksnuancen und Aromen hervorzuheben. Und sie dann am besten noch zu unterstreichen: mit würzigen Fenchelsamen, die zu weit mehr als Tee taugen. Die ganze Bandbreite der Vielschichtigkeit des Gemüses lässt sich in unseren vier Rezepten (s. S. 94–103) erahnen.

• REZEPT 1: ZITRUSFRISCH

Fenchel und Zitrusfrüchte sind ein eingespieltes Team. Kein Wunder, denn egal ob Orange, Zitrone oder auch Grapefruit: ihre Aromen gehen Hand in Hand mit den zitrusartigen, süßlichen Noten im Fenchel. Die Aromen von Nüssen oder Pinienkerne finden in den pinienartigen, holzigen Noten des Gemüses einen idealen Partner. Damit sich alle Aromen perfekt vereinen, heißt es kräftig kneten (s. S. 100) – und dann knackige, erfrischende Urlaubsstimmung genießen!

• REZEPT 2: VOLLE KNOLLE

Hier bekommen Fenchel und Tomate gleichermaßen kräftige Röstaromen ab, die beide Gemüse noch süßer und karamelliger erscheinen lassen. Damit die leichte Bitternote des Fenchels nicht völlig ins Hintertreffen gerät, wird sie durch bittere Bockshornkleesamen unterstützt. Und obwohl Fenchel leicht und frisch ist, schmeckt er in diesem Rezept durch die Umami-Zugabe in Form von Tomaten, Knoblauch und Parmesan intensiv, kräftig und rund.

• REZEPT 3: LEICHT UND RAHMIG

Weil's so gut ist, gleich noch mal: Fenchel und Zitrus – dabei werden hier allerdings einmal Fenchelsamen mit Zitrone kombiniert. In der Pfanne geröstet, entwickeln beide dezentere Aromen mit leichten Röstnoten. Der damit zart parfümierte Reis passt dann umso besser zu fettem, kräftig aromatischem Lachs und sahnigem Fenchelgemüse. So wird Freitagsfisch zum Sonntagsgericht.

• REZEPT 4: ORIENTALISCH

Im Gegensatz zum ätherisch leicht aromatisierten Zitronenreis zeigt Fenchel hier seine anderen Seiten: in einer warmen Gewürzmischung, die ein breites Aromenspektrum zwischen süß und leicht bitter eröffnet, gibt er Couscous und zartem Huhn ein intensives Aroma – eine perfekte Grundlage für das süßliche Möhren-Fenchel-Gemüse. Säuerlich-bittere Oliven und salzig-saure Zitrone setzen deutliche Akzente, während Tomaten den Geschmack durch weitere Süße, Säure und Umami abrunden.

PERSONEN
4

ZUBEREITUNG
20 MIN.

Gekneteter Fenchel mit Grapefruit und Halloumi

ätherische Öle und zitrusfrische Aromen

4 rosé Bio-Grapefruit
800 g Fenchel
(möglichst mit Grün)
Meersalz
schwarzer Pfeffer
(frisch gemahlen)
5 EL Olivenöl
4 EL Mandelblättchen
400 g Halloumi

1. Die Grapefruits waschen und trocken reiben, von 2 Grapefruits die Schale abreiben. Alle Grapefruit so schälen, dass auch die weiße Haut mit entfernt wird. Die Fruchtfilets mit einem scharfen Messer zwischen den Trennhäuten herausschneiden, den Saft dabei auffangen. Aus den Grapefruitresten den Saft mit der Hand auspressen und ebenfalls auffangen.

2. Den Fenchel waschen. Das Grün abzupfen und fein hacken. Holzige Triebspitzen, sehr grobe äußere Teile sowie den Wurzelansatz entfernen. Den Fenchel mit dem Gemüsehobel in sehr dünne Scheiben schneiden. Die Fenchelscheiben in eine Schüssel geben, gut mit Salz und Pfeffer würzen und kräftig mit den Händen durchkneten, bis sie sich geschmeidig anfühlen. 4 EL Olivenöl mit den Grapefruitfilets, der Grapefruitschale und dem gehackten Fenchelgrün dazugeben. Mit Salz und Pfeffer abschmecken.

3. Die Mandelblättchen in einer Pfanne ohne Fett bei mittlerer Hitze goldbraun rösten, dann herausnehmen und abkühlen lassen. Den Halloumi mit 1 EL Olivenöl grillen oder in einer Grillpfanne beidseitig leicht bräunen. Den Fenchel auf Tellern anrichten, den Halloumi dazulegen und alles mit den Mandelblättchen bestreuen.

TIPP: *Die Schale aller Grapefruits abreiben. Die nicht benötigte Hälfte z. B. mit Olivenöl verrühren, ein paar Tage durchziehen lassen und dann als Basis für ein Salatdressing nehmen. Oder die Grapefruitschale mit Zucker mischen. Dieser verfeinert dann Obstsalate oder Cocktails – den Zucker bis zur Verwendung im Kühlschrank aufbewahren.*

PERSONEN 4 · *ZUBEREITUNG* 30 MIN. · *GARZEIT* 45 MIN.

Ofenfenchel mit Knusperstreuseln

karamellige Süße, kräftige Aromen, ein Hauch Umami

STREUSEL:
2 EL kräftiges Mehl
(z. B. Buchweizenmehl, Dinkelvollkornmehl, Roggenmehl)
2 EL feine Haferflocken
2 EL Zucker
2 EL Sesam
2 EL gepufftes Getreide
(z. B. Buchweizen, Quinoa oder Amarant)
1 EL Fenchelsamen
Meersalz
1 Prise Cayennepfeffer
50 g Butter (oder Kokosöl)

GEMÜSE:
1,2 kg Fenchel (mit Grün)
2 Knoblauchzehen
4 EL Olivenöl
Meersalz
schwarzer Pfeffer
(frisch gemahlen)
1 TL Bockshornkleesamen
400 g Kirschtomaten
(oder Datteltomaten)

GARNITUR:
1 kleines Bund Basilikum
150 g Pecorino

1. Den Backofen auf 200° vorheizen. Für die Streusel Mehl, Haferflocken, Zucker, Sesam und gepufftes Getreide in einer Schüssel vermischen. Die Fenchelsamen im Mörser fein zerstoßen und mit 1 Prise Salz und Cayennepfeffer untermischen. Die Butter hinzufügen und alles zügig zu Streuseln verkneten. Ein Backblech mit Backpapier auslegen und die Streusel daraufgeben. Im Ofen (Mitte) 8–10 Min. leicht braun backen. Herausnehmen und abkühlen lassen.

2. Schon während die Streusel backen, ein zweites Backblech mit Backpapier auslegen. Für das Gemüse den Fenchel waschen, das Grün abzupfen und beiseitelegen. Den Fenchel in Spalten schneiden, den sehr festen Teil der Strünke und die holzigen Triebspitzen abschneiden. Die Fenchelspalten auf ein Blech legen. Den Knoblauch schälen, vierteln und dazulegen. Alles mit 2 EL Olivenöl beträufeln, salzen, pfeffern und mit Bockshornkleesamen bestreuen. Sobald die Streusel fertig sind, das Gemüse im Ofen (Mitte) 20 Min. backen.

3. Inzwischen die Kirschtomaten waschen. Nach den 20 Min. Backzeit zum Fenchel auf das Blech geben und mit dem restlichen Olivenöl (2 EL) beträufeln. Alles zusammen im Ofen 15 Min. weiterbacken.

4. Zum Servieren das Basilikum waschen, trocken schütteln und zusammen mit dem beiseitegelegten Fenchelgrün grob hacken. Den Fenchel aus dem Ofen nehmen, auf Tellern anrichten und mit den Streuseln sowie den gehackten Kräutern bestreuen. Zum Schluss den Pecorino mit einem Sparschäler in Spänen darüberhobeln.

PERSONEN *4*

ZUBEREITUNG *50 MIN.*

Rahmfenchel mit Lachsfilet und Röstzitronen-Reis

sahnig-süß mit kräftiger Fischnote mit herbem Kontra

1 kg Fenchel (mit Grün)
Meersalz
300 g Möhren
2 Schalotten
1 Bio-Zitrone
720 g Lachsfilet (ohne Haut)
1 kleines Bund Dill
1 kleines Bund glatte Petersilie
1 TL Fenchelsamen
320 g Langkornreis
2 EL Öl
250 g Sahne
250 g Crème fraîche

1. Fenchel waschen, das zarte Grün abzupfen, grob hacken und beiseitestellen. Holzige Triebspitzen und sehr grobe äußere Teile abschneiden, in einem kleinen Topf mit 1 l Wasser und 1 großen Prise Salz zum Kochen bringen. Knollen halbieren, Strunk keilförmig herausschneiden und ebenfalls in den Topf geben. Fenchelhälften in ca. 1 cm breite Streifen schneiden. Möhren putzen und schälen, Putz- und Schalenreste in den Topf zu den Fenchelabschnitten geben. Möhren schräg in ca. 0,5 cm dicke Scheiben schneiden. Schalotten schälen, Schalen in den Topf geben. Schalotten in dünne Streifen schneiden. Zitrone waschen, trocken reiben und halbieren. Eine Hälfte in Scheiben schneiden, die andere in Spalten. Lachsfilet, falls nötig, von Gräten und Häutchen befreien und in vier gleich große Stücke schneiden. Dill und Petersilie waschen und trocken schütteln. Beides getrennt voneinander grob hacken.

2. Backofen auf 160° vorheizen. 600 ml von der Brühe abnehmen und in einem kleinen ofenfesten Topf wieder zum Kochen bringen. Inzwischen eine große ofenfeste Pfanne auf mittlerer Stufe erhitzen. Zitronenscheibe in der Pfanne ohne Fett beidseitig anbraten. Fenchelsamen hinzufügen, Zitronen auf beiden Seiten dunkelbraun rösten. Aus der Pfanne nehmen, Pfanne reinigen. Reis und 1 TL Salz zur kochenden Brühe in den Topf geben. Einmal aufkochen, dann die gerösteten Zitronenscheiben mit Fenchelsamen hinzufügen. Den Topf auf den Gitterrost in den Ofen (Mitte) stellen, den Deckel auflegen und den Reis 15–20 Min. garen.

3. Inzwischen die Lachsstücke salzen. In der Pfanne 1 EL Öl erhitzen, Lachs darin auf jeder Seite ca. 1–2 Min. kräftig anbraten. Aus der Pfanne nehmen. Restliches Öl (1 EL), Schalotten, Fenchel und Möhre in die Pfanne geben. Salzen und pfeffern. Restliche Brühe mit Gemüseabschnitten durch ein Sieb dazugießen. Sahne, Crème fraîche und gehackte Petersilie unterrühren. Lachsstücke daraufsetzen. Nach der Hälfte der Reisgarzeit ebenfalls in den Ofen stellen, alles in ca. 10 Min. fertig garen. Der Lachs sollte innen noch glasig sein, der Fenchel noch Biss haben. Reis mit einer Gabel auflockern, Dill und Fenchelgrün untermengen. Fisch mit Gemüse, Reis und Zitrone servieren.

GESCHMACKS-INSIGHT FENCHEL
Prall und saftig am besten

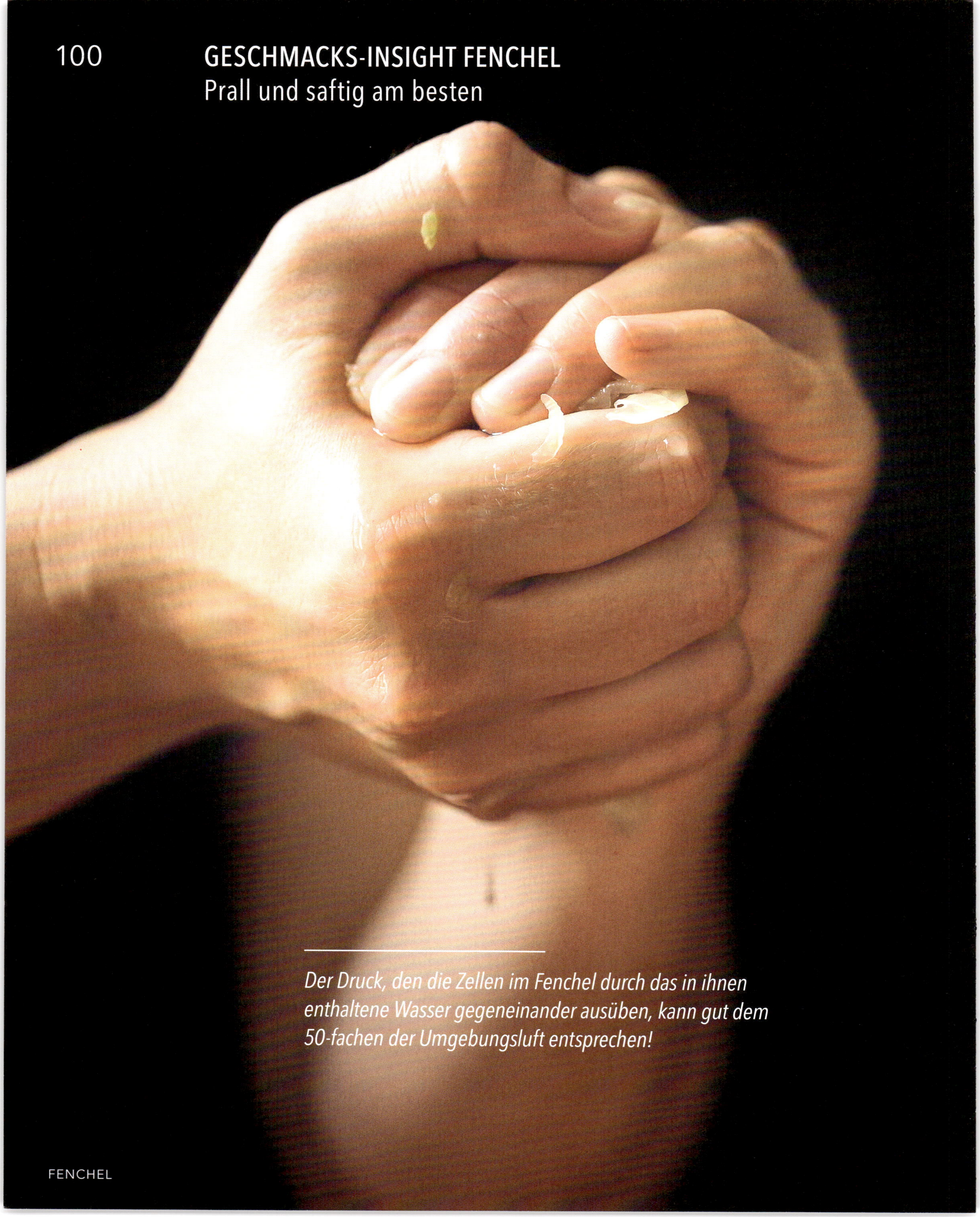

Der Druck, den die Zellen im Fenchel durch das in ihnen enthaltene Wasser gegeneinander ausüben, kann gut dem 50-fachen der Umgebungsluft entsprechen!

UNTER DRUCK

Das Besondere am Fenchel ist seine extrem knackige, spritzig-saftige Textur. Dafür ist in erster Linie der hohe Druck im Inneren der Zellen – in der Fachsprache »Turgor« genannt – verantwortlich. Um die Knolle von innen zu stabilisieren, speichern ihre Zellen Wasser, das gegen die Zellwand drückt. Im Idealfall so viel, dass die einzelnen Zellen so prall gefüllt sind, dass sie auch gegeneinander hohen Druck ausüben. Eine ernst zu nehmende Aufgabe für jeden Gärtner, denn bei Wassermangel bilden die Zellwände vermehrt Cellulose, die alternativen stützenden Halt für die Pflanze gewährt. Das Gewebe »verholzt«, was beim Kauen als zäh empfunden wird. Aber auch gut gewässerter Fenchel hat seine Tücken. Damit er als Salat das Dressing aufnehmen kann, muss erst Wasser heraus: Durch Zerkleinern und Kneten brechen die Zellen auf und geben Flüssigkeit frei. Verwendet man dabei zusätzlich Salz wird durch Osmose (s. S. 164 / 165) noch mehr Wasser entzogen – der Zelldruck lässt nach, der Fenchel wird weicher und ist bereit fürs Bad im Dressing.

SENSIBLE AROMEN

Fenchel und vor allem Fenchelsamen enthalten einen großen Anteil ätherischer Öle: extrem flüchtige Duftstoffe (s. S. 18), die unsere Nase zwar noch vor anderen Duftmolekülen äußerst schnell erreichen, die dann aber ebenso schnell – vor allem durch Hitze – verduften. Damit sie nicht für immer verloren sind, gibt es ein paar Tricks: Bereits etwas frisch gehacktes Fenchelgrün oder ein paar Scheibchen Stängel über das fertig gegarte Gericht gestreut, bringt die frischen, leichten Noten zurück. Da die meisten flüchtigen Aromen nicht wasserlöslich sind, sollte man Fenchel in Fett oder Öl garen. Darin lösen sich die Aromen und bleiben ans Fett gebunden erhalten. Aber auch mit Wasser lässt sich einiges bewirken: Wie aus der Herstellung von Parfum bekannt, lassen sich ätherische Öle durch Wasserdampf lösen, sie »verdampfen« und werden anschließend destilliert. Auf genau diese Weise lässt sich mit Fenchel gedämpfter Reis oder Couscous wunderbar aromatisieren, »parfümieren«.

PERSONEN 4 | *ZUBEREITUNG* 20 MIN. | *GARZEIT* 40 MIN.

Tajine mit Fenchel, Huhn, Salzzitrone und Oliven

orientalische Duft- und Aromenoase

600 ml Gemüsebrühe
400 g Fenchel
400 g Möhren
4 Tomaten
½ Salzzitrone (z. B. aus dem orientalischen Lebensmittelhandel)
2 Knoblauchzehen
1 rote Zwiebel
1 große rote Chilischote
80 g grüne Oliven (entsteint)
4 Hähnchenbrustfilets (à ca. 150 g)
320 g Couscous
Meersalz
1 TL Kreuzkümmelsamen
1 Zimtstange
4 grüne Kardamomkapseln
1 Prise gemahlener Safran (oder wenige Safranfäden)
100 g Mandelstifte
1 kleines Bund Minze
4 EL Arganöl (oder Olivenöl)

AUSSERDEM:
1 große Tajine (oder 4 kleine; oder 1 Schmortopf)
kleines Backblech zum Rösten der Mandeln (z. B. Boden einer Springform)

1. Die Gemüsebrühe in einem kleinen Topf erhitzen. Den Backofen auf 180° vorheizen. Den Fenchel waschen. Holzige Triebspitzen und sehr grobe äußere Blätter abschneiden und in die Brühe geben. Die Möhren waschen, putzen und schälen, die Putzreste und Schalen in die Brühe geben. Gemüseabschnitte offen bei mittlerer Hitze in der Brühe ziehen lassen.

2. Den Fenchel in ca. 2 cm dicke Spalten schneiden, die Möhren in 0,5 cm dicke Stifte. Die Tomaten waschen, von den Stielansätzen befreien und in Spalten schneiden. Die Salzzitrone in kleine Würfel schneiden. Den Knoblauch schälen und in Scheiben schneiden. Die Zwiebel schälen und in feine Streifen schneiden. Die Chilischote waschen, putzen und in Ringe schneiden. Die Oliven in Scheiben schneiden.

3. Das Hähnchen leicht schräg in 2,5–3 cm dicke Scheiben schneiden. Den Couscous in die Tajine geben. Die Fleischscheiben darauf verteilen, salzen und mit dem Kreuzkümmel bestreuen. Die Zimtstange in vier kurze Stücke brechen, die Kardamomkapseln leicht andrücken. Beides mit den Zitronenwürfeln in die Tajine geben. Gemüse, Knoblauch, Chili und Oliven dazugeben.

4. Die Gemüseabschnitte in der Brühe durch ein Sieb passieren, die Brühe dabei auffangen. Kräftig mit Salz würzen, den Safran unterrühren. Über die Zutaten in der Tajine gießen. Die Tajine mit geschlossenem Deckel im Ofen (Mitte) 30–40 Min. (kleine Tajines ca. 25 Min.) garen. Die Mandelstifte 10 Min. vor Garzeitende auf einem kleinen Backblech mit in den Ofen stellen und goldbraun rösten. Die Minze waschen und trocken schütteln, die Blätter abzupfen und in feine Streifen schneiden. Die Tajine erst am Tisch öffnen, mit Arganöl beträufeln, mit Minze und Mandeln bestreuen.

TIPP: *Wer etwas Geduld hat, macht Salzzitronen selbst: 1 Zitrone waschen, oben und unten ca. 4 cm tief einschneiden und in ein Einmachglas geben. Meersalz und kochend heißes Wasser im Verhältnis 1 zu 10 daraufgeben und 4 Wochen an einem kühlen Platz reifen lassen.*

Tomaten

Von Sonne und Wärme verwöhnt und mit fast allen Geschmackskomponenten gesegnet, ist die Tomate Everybody's Darling: Was wäre die italienische Küche ohne Caprese, Pizza und Sugo? Schon aufgrund der roten Farbe scheint der »Paradeiser«, wie die Tomate in Österreich genannt wird, sündhaft verlockend. Beim ersten Biss stellen wir dann oft fest: wässrig, fade – die Tomate kommt weder aus dem Paradies noch aus dem sonnigen Süden, sondern aus dem Treibhaus – eine echte Sünde!

Bei wohl keinem anderen Gemüse zeigt sich der Zusammenhang zwischen äußeren Wachstumsbedingungen und Geschmack so eklatant wie bei Tomaten. Dazu muss man gar nicht Exemplare bemühen, die in Holland und inzwischen auch anderswo im Treibhaus vor sich hin vegetieren: unter künstlichem Licht, ohne mineralstoffreichen Boden, dafür mit Flüssignährstoffen auf Steinwolle gezogen, in antiseptischem Umfeld ohne natürliche Feinde.

AUCH DAS PFLÜCKEN unreifer Exemplare guter Herkunft ist eine Sünde im Paradies. Um volles Tomatenaroma zu erleben, sollte man sich gedulden, bis die Früchte hierzulande Saison haben – also von etwa Juli bis August –, und dann (Bio-)Freilandtomaten wählen. Das erhöht die Chance auf eine voll ausgereifte Tomate, die nicht frühzeitig geerntet wurde, um Transport oder Lagerzeit zu überstehen. Die gleichmäßige Röte, die viele an Tomaten schätzen, ist dabei kein Qualitätsmerkmal oder Zeichen für besondere Reife. Vielen Sorten wurde den Kunden zuliebe ein Gen herausgezüchtet, das zwar eine unregelmäßige Färbung rund um den Stiel verursacht, gleichzeitig aber für die Bildung vieler Aromastoffe verantwortlich ist. Farbliche Unregelmäßigkeiten, kleine Narben, Flecken und Ähnliches zeigen bei Tomaten vielmehr: it's a natural beauty – hier ist Gemüse in Sonne, Wind und Wetter gereift und schmeckt auch so!

Je nach Sorte bieten Tomaten ein ausgeprägtes, komplexes Spektrum an unterschiedlichen Aromen, das von grasig-grün über zitrusartig und blumig bis zu holzig reichen kann. Ein im Idealfall ausbalanciertes Spiel an unterschiedlichen Geschmäckern von süß, sauer, viel Umami (durch den beachtlichen Glutaminsäuregehalt) und kaum Bitterkeit macht Tomaten zusammen mit ihren vielschichtigen Aromen zum vielseitigen Kombipartner für unterschiedlichste Lebensmittel – es gibt kaum etwas zu dem Tomate nicht passt – gegebenenfalls auch in Form von Ketchup. Oder wie wäre es einmal mit Himbeeren als Eis? Perfekt – wie unser Geschmacksexperiment zeigt, das mit Rosenwasser auch die blumigen Noten der Tomate zum Tragen bringt (s. S. 111). Wer die ganze geschmackliche Bandbreite der meist roten Früchtchen erleben möchte, probiert sich am besten einmal komplett durch unsere vier Rezepte (s. S. 108–119).

• REZEPT 1: VOLL KONZENTRIERT

Tomatengeschmack pur und hochkonzentriert: In selbst gekochtem Tomatenmark verdichten sich alle Aromen der Tomate zur vollen, runden und gesunden Geschmacksbombe (s. S. 116 / 117). Damit die komplett zündet, braucht es nur noch das richtige Quäntchen (Meer-)Salz.

• REZEPT 2: SWEET AND SOUR

Mal nicht in Form von Caprese: Insalata tricolore, bei dem Süße und Säure der Tomate zusätzliche Unterstützung und Ausbalancierung durch Limette und die Süße von Kokosfleisch und -milch erhalten – die ist so mild, dass sie ruhig einen kleinen Schärfekick durch Chili vertragen kann.

• REZEPT 3: CLASSIC GOES UMAMI

Lange zu vollem, rundem Aroma gekocht, hat Tomatensuppe an sich schon das Zeug zum Klassiker – kaum zu toppen. Wir versuchen es, indem wir den »geschmackigen« Umami-Faktor weiter erhöhen: durch eine ofengetrocknete Tomateneinlage, in der sich Umami verdichten kann und leichte Karamell- und Röstaromen dazubekommt. Diese röstig-nussige Note wird durch darübergestreute Erdnüsse noch unterstrichen. Die Sojasauce als zusätzliche Umami-Stütze braucht es eigentlich kaum – oder doch: Denn zusammen mit den Gewürzen kommen so auch einmal die dunklen, holzigen Noten der Tomate zum Tragen.

• REZEPT 4: LEBENSLANG GRÜN-WEISS

Die geschmacklich fast sakrosankte Caprese-Dreifaltigkeit wird hier nochmals uminterpretiert: Tomate, Käse und Basilikum als Grundlage von dreifarbigem Risotto. Dabei gart nur der Reis lange: Die farbgebenden Tomaten sind zwar rot, erhalten aber, erst am Ende zugegeben, ihre grün-grasigen Noten und schmelzen fast im Risotto. Parmesan im Mantel für die gebackene grüne Tomate verstärkt den Umami-Geschmack, während Basilikum in altgewohnter Manier die blumig-floralen Noten der Tomaten hebt.

PERSONEN 4 | *ZUBEREITUNG* 20 MIN. | *GARZEIT* 1 STD. 20 MIN.

Sonniges Tomatenmark

Konzentration bitte! Verdichtete Aromen!

5 kg vollreife Tomaten
Meersalz
4 Scheiben Sauerteigbrot
4 EL Olivenöl
schwarzer Pfeffer
(frisch gemahlen)

AUSSERDEM:
ofenfeste Form (30 × 20 cm)
4 Twist-off-Gläser (à 250 ml)

1. Die Tomaten waschen und die Stielansätze herausschneiden. Die Tomaten vierteln und mit 1 großen Prise Salz mit dem Pürierstab oder im Standmixer fein pürieren. In einem großen Topf auf niedriger Stufe erhitzen und offen unter gelegentlichem Rühren ca. 50 Min. einköcheln. Den Backofen auf 160° vorheizen. Das Püree in eine ofenfeste Form füllen und im Ofen (Mitte) weitere 30 Min. backen, bis es die Konsistenz von Tomatenmark hat.

2. Die Gläser und dazugehörigen Deckel gründlich reinigen und vorbereiten. Vom Tomatenmark ca. 200 g abnehmen. Das restliche Tomatenmark in die vorbereiteten Gläser füllen, diese verschließen und abkühlen lassen.

3. Die Brotscheiben im Toaster oder in einer Pfanne kräftig rösten. Dann die Scheiben mit dem Tomatenmark bestreichen, mit Olivenöl beträufeln und schwarzen Pfeffer darübermahlen.

TIPP: *Zur Vorbereitung der Gläser und Deckel diese 10 Min. in einen Topf mit sprudelnd kochendem Wasser geben, herausheben und umgedreht auf einem sauberen Küchentuch abtropfen lassen. Alternativ die Gläser auf ein Backblech in den kalten Backofen stellen, Ofen auf 130° einschalten. Sobald der Ofen die Temperatur erreicht hat, die Gläser noch mindestens 10 Min. darin lassen. Die Deckel dann extra in einem Topf mit Wasser auskochen.*

GESCHMACKS-INSIGHT TOMATEN
Achtung: Farbe!

Tomaten-Himbeer-Eis am Stiel: 1 Teil Puderzucker (oder Kokosblütenzucker), 2 Teile griechischer Joghurt, 2 Teile Tomaten, 2 Teile Himbeeren zusammen pürieren, in Formen füllen, einfrieren. Variation: mit einem Spritzer Rosenwasser aromatisieren! Passt zur Himbeere und unterstützt den Aromastoff Geranylaceton in der Tomate.

ROT HEISST GO!

Eine leuchtend rote Tomate – schon beim bloßen Anschauen haben wir den Wunsch hineinzubeißen. Warum eigentlich? Betrachten wir das Ganze mal von Tomatenseite aus: Verantwortlich für die rote Farbe ist der natürliche Farbstoff Lycopin, der in reifen Tomaten in hohem Maß vorkommt. Unreif sind Tomaten grün, wofür wiederum der Pflanzenfarbstoff Chlorophyll verantwortlich ist. Er wandelt Sauerstoff und Licht in Energie und signalisiert Fraßfeinden schon von Weitem, dass die Pflanze noch wächst: »Finger weg, ich schmecke noch nicht – und stecke, im Falle der Tomate, noch voller Solanin« (s. S. 111). Erst beim Reifen verschwindet das grüne Chlorophyll aus dem Fruchtkörper. Dafür legt rotes Lycopin rasant zu. Seine auffällige Farbe dient als perfektes Lockmittel für Tiere, die die Samen weitertragen: »Jetzt ist die Zeit und meine Samen sind reif, bitte iss mich!« Dieser evolutionär geschickt angelegte Ampelreiz funktioniert Studien der Universität Triest zufolge immer noch: Danach ziehen wir rote Lebensmittel grünen vor, weil wir sie instinktiv als nährstoffreicher und geschmackvoller einordnen.

GRÜN HEISST NO!

Tomaten enthalten, wie andere Gemüse aus der Familie der Nachtschattengewächse, neben verschiedenen anderen Abwehrgiften gegen Fraßfeinde Solanin, das zwar als nicht hochgiftig, aber zumindest »unbekömmlich« eingestuft wird. Im Verlauf des Reifeprozesses nimmt der Solaningehalt immer mehr ab und fällt bei vollreifen, roten Früchten unter 1 mg pro 100 g. Unbedenklich also, da Vergiftungserscheinungen erst ab 1 mg pro Kilo Körpergewicht auftreten können. Bei grünen, unreifen Tomaten ist die Konzentration allerdings wesentlich höher. Daher sollte man auf ihren Genuss verzichten – selbst Kochen oder Einlegen hilft nicht. Auch grüne Stellen rund um den Stielansatz und den Stielansatz reifer Tomaten sollte man sicherheitshalber entfernen. Harmlos sind dagegen grüne (oder gelbe) Tomatensorten. Hier verbirgt sich auch bei reifen Früchten der rote Farbstoff Lycopin unter grünem Chlorophyll.

POWER OF RED

Lycopin ist nicht nur für das anziehende Rot reifer Tomaten zuständig. Auch in unreifen Früchten kommt es vor, allerdings gut getarnt von grünem Chlorophyll: als »Sunblocker«, der die für das Zellwachstum zuständigen grünen Farbpigmente vor schädlichen UV-Strahlen schützt. Ähnlichen antioxidativen Schutz soll Lycopin auch menschlichen Zellen bieten, ja sogar Krebs vorbeugen. Statt Sonnencreme also Tomatenmark ins Gesicht schmieren? Nein, essen! Genau wie Ketchup oder lang gekochte Sugo. Denn auch wenn es ansonsten gute Gründe gibt, frische Rohkost zu bevorzugen, bei Tomaten ist (langes) Kochen angesagt – zumindest, wenn es um Lycopin geht. Erst durch Hitze lösen sich die Farbstoffmoleküle aus den Zellen und verändern gleichzeitig ihre Struktur so, dass sie für unseren Körper besser verfügbar werden. Längeres Kochen erhöht also Lycopin-Konzentration und Geschmack (s. S. 116).

PERSONEN
4

ZUBEREITUNG
20 MIN.

Tomatensalat mit Kokos, Chili und Limette

Säure, Süße und ein Hauch Exotik

800 g Tomaten (in verschiedenen Farben und Größen)
1 Bio-Limette
200 g Kokosmilch
Meersalz
¼ Kokosnuss (oder 100 g getrocknete Kokosraspel)
1 große rote Chilischote
1 kleines Bund Koriandergrün

1. Die Tomaten waschen und die Stielansätze herausschneiden. Die Tomaten je nach Größe halbieren oder in Spalten oder Scheiben schneiden und auf einer Platte arrangieren.

2. Die Limette waschen und trocken reiben, die Schale abreiben. Die Limette halbieren und den Saft auspressen. Die Kokosmilch mit 1 großen Prise Salz und dem Limettensaft verrühren.

3. Das Kokosnussfleisch aus der Schale lösen und mit der Küchenreibe fein raspeln (oder getrocknete Kokosraspel mit 2 EL heißem Wasser und 2 EL von der abgeschmeckten Kokosmilch vermengen). Die Chilischote waschen, putzen und in feine Ringe schneiden. Den Koriander waschen, trocken schütteln und mitsamt den Stielen grob hacken.

4. Die gewürzte Kokosmilch über die Tomaten gießen, Kokosraspel, Chiliringe, Limettenschale und Koriander darübergeben. Spannend mit Krupuk (indonesische Cracker).

TIPP: *Statt Koriandergrün ergibt auch Minze, Thai-Basilikum oder Basilikum eine spannende Geschmackskombination.*

PERSONEN *4*

ZUBEREITUNG *50 MIN.*

Tomaten-Soja-Suppe mit gebackenen Kirschtomaten

Umami-Boost!

TOMATEN:
400 g Kirschtomaten
(nach Belieben rote und gelbe)
1 kleines Stück Ingwer
(2 cm lang)
1 Knoblauchzehe
4 Nelken
2 Sternanis
Meersalz
2 EL Olivenöl
1 EL Puderzucker

SUPPE:
4 Schalotten
2 Möhren
2 Stangen Staudensellerie
(oder 100 g Knollensellerie)
1 Knoblauchzehe
1 kg vollreife Tomaten
(oder 500 g selbst gemachtes Tomatenmark und 500 ml Gemüsebrühe)
2 EL Olivenöl
1 EL brauner Zucker
ca. 4 EL Sojasauce
250 ml Gemüsebrühe
250 ml Soja-Sahnealternative
80 g Erdnüsse
(geröstet und gesalzen)

1. Für die gebackenen Tomaten den Backofen auf 140° vorheizen. Ein Backblech mit Backpapier auslegen. Die Kirschtomaten waschen, quer halbieren und mit der Schnittfläche nach oben auf das Blech legen. Ingwer und Knoblauch schälen und grob hacken. Nelken und Sternanis in einem Mörser oder mit einem schweren Topf leicht anstoßen. Ingwer, Knoblauch, angestoßene Gewürze und 1 große Prise Salz über die Tomaten streuen. Das Olivenöl darüberträufeln und den Puderzucker darübersieben. Die Tomaten im Ofen (Mitte) in 30–40 Min. leicht trocknen lassen, damit sich die Aromen verdichten.

2. Für die Suppe inzwischen die Schalotten schälen, Möhren und Sellerie putzen und schälen bzw. waschen. Vorbereitete Zutaten in grobe Würfel schneiden. Die Knoblauchzehe schälen und grob hacken. Die Tomaten waschen, von den Stielansätzen befreien und grob würfeln.

3. Einen großen Topf auf mittlerer Stufe erhitzen und das Olivenöl hineingeben. Schalotten, Möhren, Sellerie und den Knoblauch leicht darin anrösten. Den braunen Zucker hinzufügen und kurz karamellisieren. Tomaten, 4 EL Sojasauce und Gemüsebrühe dazugeben. Die Hitze reduzieren und alles offen ca. 20 Min. köcheln, bis die Gemüsestücke weich sind.

4. Von der Soja-Sahnealternative 4 EL abnehmen und beiseitestellen. Restliche Soja-Sahnealternative in die Suppe geben und diese mit dem Pürierstab fein mixen, für eine besonders feine Suppe nach Belieben noch durch ein Haarsieb passieren. Die Suppe nochmals mit Sojasauce abschmecken.

5. Die Erdnüsse grob hacken oder zerstoßen. Die Suppe in vier Teller füllen und jeweils 1 EL Soja-Sahnealternative hineingeben. Die Kirschtomaten mit dem Backsud daraufgeben und mit den Erdnüssen bestreuen.

GESCHMACKS-INSIGHT TOMATEN

Hat was für jeden Geschmack

VIEL WASSER

Auf der Hitliste wasserhaltiger Gemüsesorten haben Tomaten gute Chancen der »Goldene Gurke« Platz 1 streitig zu machen: mit rund 95 Prozent enthalten sie fast ebenso viel Wasser. Das erklärt vielleicht die Lust auf erfrischenden Salat im Sommer. Wer aber mehr Aromen und Geschmack aus Tomaten kitzeln will, sollte ihnen Wasser austreiben: Lange kochen oder auch mal trocknen erhöht die relative Konzentration an Aromastoffen und geschmackgebender Glutaminsäure.

VIELFÄLTIGE SÜSSE

Reife Tomaten wandeln ihre Speicherstoffe neben Glucose in verschiedene andere Zucker und Zuckeralkohole um, die ihre ganz besondere, eigene und vielschichtige Süße ausmachen. Sie sind unter anderem auch für die typischen süßlich-brandigen »Grill- und Röstaromen« verantwortlich, die durch Karamellisierungsprozesse beim (An-)Braten oder Grillen entstehen. Diese geben Saucen oder Schmorgerichten einen ganz besonders vollen und aromatischen Grundgeschmack und Tiefe. Fehlt den Tomaten etwas Süße, lässt sich hier die Karamellisierung notfalls durch ein bisschen Zucker, Honig oder Ähnliches in Gang bringen. Und sind keine frischen Tomaten zur Hand, erfüllt ein wenig gutes Tomatenmark ähnliche Dienste.

KAUM BITTERKEIT

Bitterstoffe sind in Tomaten wenig ausgeprägt – vielleicht, weil die Pflanze sie als Schutz aufgrund des hohen Solaningehalts nicht braucht. Ein paar Tropfen leicht herb schmeckendes Olivenöl ist also jederzeit willkommen!

EIN WENIG SÄURE

Wo Süße ist, sollte im Sinne von Geschmack auch immer Säure sein: In Tomaten balancieren frische Zitronen-, Apfel- und Ascorbinsäure den Zuckergehalt aus – je nach Sorte in unterschiedlichen Gewichtungen, sodass auch mal ein Spritzer Zitronensäure, Essig oder Weißwein den Sugo zusätzlich abrunden hilft.

PERSONEN 4 *ZUBEREITUNG* 1 STD.

Risotto mit Tomaten, Basilikum und Grüne-Tomaten-Piccata

Dreifaltigkeit: mild, herb und fruchtig

4 große grüne Tomaten (z. B. Green Zebra)
1 kg vollreife rote Tomaten
Meersalz
2 Schalotten
1 Knoblauchzehe
1 l Gemüsebrühe
3 EL Olivenöl
400 g Risottoreis
50 ml Weißwein (am besten der Tischwein, z. B. Orvieto)
1 Lorbeerblatt
200 g Parmesan
3 Eier (M)
schwarzer Pfeffer (frisch gemahlen)
100 g Mehl
200 ml Pflanzenöl zum Frittieren
1 kleines Bund Basilikum
100 g Butter

1. Alle Tomaten waschen, Stielansätze herausschneiden. Grüne Tomaten in ca. 1,5 cm dicke Scheiben schneiden. Die kleinen Anschnitte grob würfeln, die großen Scheiben beiseitelegen. Rote Tomaten auf der Unterseite kreuzweise einschneiden. In einem großen Topf Wasser zum Kochen bringen, eine große Schüssel mit Eiswasser bereitstellen. Rote Tomaten 10 Sek. im kochenden Wasser blanchieren, mit einer Schaumkelle herausnehmen und sofort ins Eiswasser geben. Haut abziehen, jedoch nicht wegwerfen. Tomaten vierteln, das Innere mit einem Löffel herauslösen und zu den Schalen geben. Fruchtfleisch in Streifen schneiden, beiseitestellen. Tomatenschalen und -inneres mit gewürfelten grünen Tomatenanschnitten und 1 großen Prise Salz pürieren. Ein Sieb in eine Schüssel hängen, mit einem sauberen Tuch auslegen. Das Püree hineingeben und ca. 20 Min. abtropfen lassen, dabei die Flüssigkeit auffangen.

2. Inzwischen Schalotten und Knoblauch schälen, fein hacken. Brühe in einem Topf erhitzen, heiß halten. Einen großen Topf auf mittlerer Stufe erhitzen. Olivenöl hineingeben, Schalotte und Knoblauch leicht darin anschwitzen. Reis hinzufügen, ca. 1 Minute mit anschwitzen. Mit Wein ablöschen, Lorbeer hinzufügen. Nach und nach kellenweise Brühe hinzufügen und rühren. Sobald der Reis die Flüssigkeit fast ganz aufgenommen hat, eine neue Kelle Brühe unterrühren. Risotto unter häufigem Rühren 15–20 Min. sehr bissfest garen, dabei die übrige Brühe nach und nach hinzufügen.

3. Inzwischen Parmesan reiben. Eier in einem tiefen Teller verquirlen, mit Pfeffer würzen, mit einem Drittel des Parmesans vermengen. Mehl mit 1 großen Prise Salz und Pfeffer auf einem Teller mischen. Frittieröl in einer Pfanne erhitzen. Tomatenscheiben im Mehl wenden, durch die Eiermischung ziehen und im heißen Öl knusprig ausbacken. Mit einem Schaumlöffel herausheben, auf Küchenpapier abtropfen lassen. Basilikum waschen und trocken schütteln. Blätter abzupfen und beiseitestellen, Stiele hacken. Sobald das Risotto fast gar und recht trocken ist, die aufgefangene Tomatenflüssigkeit unterrühren (Schalen und Kerne entfernen). Butter, übrigen Parmesan, gehackte Basilikumstängel und Tomatenstreifen einrühren. Risotto auf tiefe Teller verteilen, Basilikumblätter darüberzupfen und gebackene Tomaten daraufsetzen.

Kartoffeln

Kartoffeln sind bescheidene Pflanzen, die geduldig im Keller warten, bis sie in den Topf kommen. Weder aufgrund ihrer äußeren Erscheinung sonderlich flamboyant noch geschmacklich aufregend wie Tomaten, sind sie doch verlässlich und passen zu vielem – z. B. als Kartoffelbrei oder Bratkartoffeln, die der Deutsche gerne isst und auf deren Erfindung er durchaus stolz sein darf. Doch man sollte sich leise freuen, damit keiner merkt, dass bei uns immer weniger Kartoffeln gegessen werden.

Kartoffeln sind wie Tomaten oder Chilis Einwanderer aus Amerika, wo Wissenschaftler bis heute nach der Ur-Kartoffel suchen. Weltweit sind über 2000 Sorten zugelassen, allein in Deutschland über 200. Neben den gängigen mit typischen Frauennamen wie Linda, Sieglinde und Nicola findet man inzwischen auch wieder viele Raritäten, etwa Bamberger Hörnchen, Tannenzapfen oder Blaue Schweden.

EGAL OB GELB- ODER BLAUFLEISCHIG, rot- oder fast schwarzschalig, verfügen alle Kartoffelsorten über ähnliche Grundaromen. Bei rohen Kartoffeln lassen sich vor allem grasige, leicht grüne, an Gemüse wie Gurken oder Bohnen erinnernde Noten wahrnehmen. Dieser nicht sonderlich spezifische, grün-erdige Eindruck verschiebt sich je nach gewählter Garmethode: Kochen lässt die Aromen nussiger, röstiger und leicht buttrig werden, Braten produziert intensivere Röstnoten von karamellig bis malzig. Viele Kartoffeln tragen mit ihrer feinen Süße die zarten Aromen.

Viel charakteristischer beim Biss in eine rohe Kartoffel ist allerdings – je nach Sorte mehr oder weniger – ein an der Zunge fühlbarer mehliger Geschmack. Der lässt sich auf die enthaltene Stärke zurückführen, die wir bei gegarten mehlig- oder festkochenden Kartoffeln in einem zweiten Schritt auch als völlig verschiedenartige Textur wahrnehmen. Ein in unserer Geschmacksempfindung nicht zu vernachlässigender wichtiger Faktor! Dass es sich dabei womöglich neben den bekannten fünf um einen sechsten Geschmack handelt, wollen amerikanische Studien 2016 festgestellt haben. Ihnen zufolge besitzt unsere Zunge eigene Rezeptoren, um »starchy«, den »Stärkegeschmack« wahrzunehmen. Ist dieser sechste Geschmack vielleicht die eigentliche Stärke der Kartoffel, die die Zurückhaltung der anderen fünf wettmacht? Das und einiges mehr gilt es bei unserer geschmacklichen Rezeptreise zu erkunden, die fast um die ganze Welt führt (s. S. 124–137).

• REZEPT 1: EINFACH PERFEKT

Hier sind einmal nicht wie gewohnt mehligkochende Kartoffeln Grundlage für fluffig leichtes Kartoffelpüree. Wir zeigen, wie sich festkochende Kartoffeln in eine cremige Köstlichkeit verwandeln können. Die alte französische Kartoffelsorte »La Ratte« steuert zarte Aromen bei, die mit Crème fraîche um eine frische Note ergänzt werden. Sehr französisch, wie auch die vegane Abwandlung, die sich südlicher gibt – fruchtig-grasig schmeckendes Olivenöl hebt hier die grünen Noten der Kartoffel und zeigt: Auch ohne Milch und Butter wird Kartoffelbrei sämig, cremig, köstlich.

• REZEPT 2: KLASSISCH SCHWEIZERISCH

Zürcher Geschnetzeltes veggie, bei dem Kartoffeln in zwei Texturen ihren Auftritt haben: als knusprig gebratene Rösti und als Pilz-Kartoffel-Geschnetzeltes. Hier wird mit den in beiden Gemüsen enthaltenen erdigen, waldigen Noten gespielt, die sich durch starkes Anbraten röstig-malzig entwickeln und schmelzend verbinden.

• REZEPT 3: INDISCH BUNT

Diese bunte Curry ließ sich von der Farben- und Gewürzpracht Indiens inspirieren und zeigt, was die Kartoffel alles vertragen kann: erdig-herbe, leicht bittere Noten aus Kreuzkümmel, Bockshornklee und Kurkuma, Chili- und Ingwerschärfe, dazu mild-süßlichen Korianderkörner und Kokosmilch. Limette und süßsäuerliche Tomaten steuern neben Sauer auch Umami bei und machen den Geschmacksreigen perfekt – und auch »starchy« ist in buntester Vielfalt vertreten.

• REZEPT 4: ITALIENISCH – BRANDNEU

Während Italiener von den Gnocchi ihrer Nonna schwärmen, denken wir ans herbstliche Kartoffelfeuer, mit frisch geernteten Knollen, die langsam in der Glut garen. Das fast pulvrige, mehlige Fleisch, direkt aus der verkohlten Schale gepult, schmeckte einfach himmlisch. Die Erinnerung an dieses unvergleichlich röstig-süßliche und gleichzeitig brandig-herbe Aroma lassen wir in feinen Gnocchi aufleben. Aromatisiertes Zitronenöl mit Basilikum und Meersalz – mehr braucht es an zusätzlichen mediterranen Aromen nicht.

• REZEPT 5: GERMAN CROSSOVER

Als »Himmel un Äd« schätzt man im Rheinland Kartoffelbrei mit Äpfeln und zu Leber »Berliner Art« gibt es traditionell Kartoffelbrei. Bei uns verschmelzen beide Klassiker: Der Brei mutiert zu urig-deftigem Stampf aus in süßsäuerlichem Apfelsaft gegarten Kartoffeln. Dazu wird die Beilage extrafein: zarte Kalbsleber zwischen gebratenen Kartoffeln mit karamellisierten Äpfeln, die durch Sojasauce einen kleinen Umami-Boost erhalten.

PERSONEN *4* | *ZUBEREITUNG* *20 MIN.* | *GARZEIT* *30 MIN.*

Das perfekte Kartoffelpüree

Kartoffel-Fett-Emulsion – rund und vollmundig

500 g festkochende Kartoffeln
(z. B. La Ratte, Allians oder Charlotte)
25 g Zucker
½ TL Meersalz
250 g Butter
125 ml Vollmilch
25 g Crème fraîche
1 kleine Prise frisch geriebene Muskatnuss

1. Die Kartoffeln gründlich waschen und schälen. Kartoffeln und Schalen in einem Topf mit 1 l Wasser, Zucker und Salz zugedeckt in 25–30 Min. gar kochen (je nach Kartoffelsorte und -größe kann die Kochzeit auch kürzer oder länger sein). Inzwischen die Butter in Würfel schneiden und in einen Topf geben. Die Milch in einem weiteren Topf erwärmen.

2. Die Kartoffeln aus dem Wasser nehmen und ausdampfen lassen. Das Wasser mit den Kartoffelschalen durch ein Sieb in eine Schüssel gießen. Die heißen Kartoffeln durch eine Kartoffelpresse drücken und anschließend durch ein Sieb in den Topf zur Butter streichen.

3. Die warme Milch und je nach verwendeter Kartoffelsorte 50–100 ml Kartoffelkochwasser dazugießen. Alles bei niedriger Hitze vorsichtig zu einem seidig glänzenden, sämigen Püree verrühren. Zum Schluss die Crème fraîche unterrühren und das Püree mit Salz und Muskat abschmecken. In kleinen Portionen genießen.

TIPP: *In unserem Rezept nutzen wir das Wissen um das sensible Wesen der Amylose: Die Kartoffeln werden schonend gegart, anschließend durchgedrückt und sanft durch ein Sieb gestrichen. Das setzt gerade genug Kleisterstoffe für eine cremige Verbindung frei. Sie kommen direkt in die Butter, die sich schützend um die Stärkekörner und bereits ausgetretene Amylosemoleküle legt und verhindert, dass diese eine Wasserbindung mit der dann zugegebenen Milch eingehen. Durch behutsames Mischen entsteht aus dem Butter-Kartoffel-Gemisch, Milch und Kochwasser eine seidig-sämige Emulsion – ein perfekter Kartoffelbrei. Für eine vegane Variante statt der Butter 250 ml Olivenöl und statt der Vollmilch insgesamt 175–225 ml Kartoffelkochwasser verwenden. Ansonsten das Püree wie oben beschrieben zubereiten. Beim Öl auch einmal mit Haselnuss-, Walnuss-, Sesam- oder Hanföl experimentieren, dieses jedoch mit einem neutralen Pflanzenöl mischen.*

GESCHMACKS-INSIGHT KARTOFFELN

Die Stärke macht's

LOCKER & LUFTIG

Kartoffeln unterscheiden sich in fest- und mehligkochende Sorten. Für Brei braucht es mehligkochende Kartoffeln – das weiß jeder. Sie enthalten viel Stärke, die beim Garen im Inneren der Kartoffelzellen mit Wasser aufquillt. Die Zellen blähen sich auf und lösen sich dadurch voneinander aus dem Zellverbund: eine krümelige, flockige Konsistenz des gegarten Kartoffelstückchens ist das sichtbare Ergebnis. Gleichzeitig platzen beim Garen aber auch die einzelnen Stärkekügelchen in den Pflanzenzellen und setzen ein klebriges Gel frei: Amylose. Sie ist in der Lage, viel Flüssigkeit aufzunehmen, zu binden, zu »verkleistern« – das ist im Idealfall wunderbar, wenn wir später Milch zugeben. Es macht den Kartoffelbrei nicht nur luftig-fluffig, sondern gleichzeitig cremig. Wird allerdings zu viel Amylose freigesetzt, dreht sich der Effekt ins Gegenteil. Wenn Kartoffeln zu lange bzw. bei zu hohen Temperaturen garen, platzen nicht nur immer mehr Stärkekügelchen. Ab einem gewissen Zeitpunkt kollabieren auch die Zellwände und setzen die Amylose vollständig frei – ein klebriger, suppiger Brei entsteht. Aus demselben Grund wollen Kartoffeln nach dem Garen sanft behandelt werden: Zu viel oder zu kräftiges Rühren oder der Pürierstab zerstören noch intakte Stärkekügelchen und Zellen – statt Kartoffelbrei steht dann Kleister auf dem Tisch.

CREMIG & SÄMIG

Festkochende Kartoffeln enthalten weniger Stärke, wodurch sich ihre Zellen beim Garen kaum ausdehnen und die Kartoffelstruktur auch nach dem Garen kompakt fest und wächsern bleibt. Wollen wir sie in Kartoffelbrei verwandeln, müssen wir genau das tun, was bei Brei aus mehligkochenden Kartoffeln verpönt ist: Wir bringen die in geringerem Maße vorhandene Stärke dazu, ihre Amylose möglichst vollständig freizugeben, indem wir sie beim Durchstreichen durch ein Sieb besonders fein zerkleinern. Der Brei ist dann nicht fluffig, sondern eher glatt, geschmeidig, fast sämig. Übertreiben darf man es allerdings auch hier nicht, sonst hat man ebenfalls Kleister.

Vorwiegend festkochende Kartoffeln sind aufgrund ihres mittleren Stärkegehalts fest genug zum Braten – ideal für Bratkartoffeln oder Rösti –, mehlig genug für sämigen Brei oder Stampf und auch ideal für Salat, in dem sie nicht zerfallen und doch das Dressing aufnehmen.

PERSONEN
4

ZUBEREITUNG
1 STD.

Rösti mit Kartoffel-Pilz-Ragout

würzig und veggie in Zürch – locker zusammen!

RÖSTI:
1 kg vorwiegend festkochende Kartoffeln
1 EL Zucker
Meersalz
grüner Pfeffer (frisch gemahlen)
9 EL Öl
4 Scheiben Raclette-Käse (nach Belieben)

RAGOUT:
8 Schalotten
400 g Pilze (z. B. Champignons, Morcheln, Kräuterseitlinge, Pfifferlinge, Austernpilze)
400 g Kartoffeln (mit zarter Schale, z. B. Bamberger Hörnchen)
1 EL Öl
Meersalz
50 g Butter (oder Kokosöl)
grüner Pfeffer (frisch gemahlen)
100 ml Weißwein (am besten der Tischwein; z. B. ein Zürcher Gewürztraminer oder Riesling)
500 g Sahne (oder vegane Hafer-Sahnealternative)
1 kleines Bund Kerbel
50 g griechischer Joghurt (10 % Fett; oder vegane Joghurtalternative)

1. Für die Rösti die Kartoffeln gründlich waschen. In einem Topf mit Zucker, 1 TL Salz und mit Wasser bedeckt aufkochen und zugedeckt in ca. 10 Min. halb gar kochen. Wasser abgießen, Kartoffeln kurz abkühlen lassen, pellen und mit der Küchenreibe grob reiben. Mit Salz und grünem Pfeffer würzen.

2. Eine große beschichtete Pfanne oder Gusseisenpfanne (ca. 28 cm ∅) auf mittlerer Stufe erhitzen. Die Hälfte des Öls in die Pfanne geben, die geriebenen Kartoffeln daraufgeben und zu einem ca. 3 cm dicken Taler flach drücken, dabei die Ränder mit einem Pfannenwender von außen zur Mitte schiebend verdichten. Die Rösti 5–6 Min. braten, bis sie eine leichte Kruste entwickelt. Wenn sie kompakt und leicht gebräunt ist, wenden. Hierzu einen flachen Teller, der direkt auf die Rösti passt, umgedreht auf diese legen. Den Teller festhalten und die Rösti durch Umdrehen der Pfanne daraufstürzen. Das restliche Öl in die Pfanne geben und die Rösti vom Teller wieder in die Pfanne gleiten lassen. Die Rösti auf der zweiten Seite goldbraun fertig braten. Alternativ in mehreren kleinen Pfannen vier kleine Rösti braten. Wer mag, kann die Rösti auch noch im Ofen bei 200° in 4 Min. mit Raclette-Käse überbacken.

3. Während die Rösti brät, für das Ragout die Schalotten schälen und in dünne Streifen schneiden. Pilze putzen, bei Bedarf mit einem Tuch trocken abreiben und in mundgerechte Stücke zupfen. Kartoffeln gründlich waschen, jeweils halbieren und in ca. 3 mm dicke Scheiben schneiden. Das Öl in einer Pfanne erhitzen, die Kartoffeln hineingeben, salzen und ca. 3 Min. bei starker Hitze anbraten. Dann Schalotten und Pilze hinzufügen und kurz mitrösten, bis sie zu bräunen beginnen. Die Hitze etwas reduzieren, die Butter hinzufügen und die Pilz-Kartoffel-Mischung weitere 2–3 Min. braten. Mit Salz und grünem Pfeffer würzen und mit dem Wein ablöschen. Die Sahne hinzufügen und alles köcheln lassen, bis die Kartoffeln gar, aber noch bissfest sind.

4. Den Kerbel waschen und trocken schütteln. Von der Hälfte des Kerbels die Blätter abzupfen. Kerbelstiele und übrigen Kerbel grob hacken. Gehackten Kerbel und Joghurt unter das Ragout rühren. Nochmals mit Salz und Pfeffer abschmecken. Die Rösti mit Ragout und Kerbelblättern anrichten.

PERSONEN
4

ZUBEREITUNG
1 STD.

Buntes Kartoffelcurry mit Kartoffelchapati

die Entdeckung der Welt ist bunt und spicy

CHAPATI:
300 g vorwiegend festkochende Kartoffeln
Meersalz
1 EL Zucker
1 kleines Bund Koriandergrün
3 EL Kokosöl
300 g Chapati Ata (aus dem Asialaden; oder Vollkornmehl)
1 TL Backpulver
Mehl zum Ausrollen

CURRY:
2 Knoblauchzehen
1 Stück Ingwer (ca. 3 cm lang)
1 große rote Chilischote
2 Stängel Zitronengras
½ TL Bockshornkleesamen
½ TL Kreuzkümmelsamen
¼ TL Korianderkörner
¼ TL gemahlene Kurkuma
4 Schalotten
1 kg gemischte Kartoffeln (auch Süßkartoffeln)
3 EL Kokosöl
8 Curryblätter (aus dem Asialaden)
400 g Kokosmilch
200 ml Gemüsebrühe
200 g Kirschtomaten
1 Bio-Limette
Meersalz

1. Für die Chapati Kartoffeln waschen und in Wasser mit Salz und Zucker weich garen. Abgießen, ausdampfen lassen, pellen, in einer Schüssel mit einem Kartoffelstampfer zerdrücken und kurz abkühlen lassen. Inzwischen Koriander waschen und trocken schütteln. Blätter abzupfen, grob hacken und bis zum Servieren kühl stellen. Korianderstängel ebenfalls hacken und mit 1 Prise Salz, Kokosöl, Mehl und Backpulver zu den Kartoffeln geben. Alles zügig zu einem gut formbaren Teig verkneten, dabei je nach Kartoffelkonsistenz noch etwas Mehl hinzufügen. Teig mit Frischhaltefolie abgedeckt ruhen lassen.

2. Für das Curry Knoblauch und Ingwer schälen, Chilischote halbieren und entkernen, Zitronengras putzen. Vorbereitete Zutaten fein hacken. Bockshornklee, Kreuzkümmel und Koriander im Mörser grob zerstoßen, gehackte Zutaten und Kurkuma hinzufügen, alles zu einer feinen Paste mörsern. Schalotten schälen, in Spalten schneiden. Kartoffeln gut waschen, in mundgerechte Stücke schneiden. Einen Wok oder eine große Pfanne auf mittlerer Stufe erhitzen und Kokosöl hineingeben. Kartoffeln hinzufügen, salzen und unter gelegentlichem Wenden leicht braun anbraten. Schalotten, Currypaste und -blätter dazugeben, kurz weiterbraten. Kokosmilch und Brühe angießen. Ca. 15 Min. köcheln, bis die Kartoffeln gar sind, aber noch Biss haben.

3. Inzwischen den Chapatiteig in acht gleich große Portionen teilen. Jede Portion zur Kugel formen und auf der leicht bemehlten Arbeitsfläche mit dem Nudelholz zu einem dünnen Fladen von ca. 20 cm ∅ ausrollen. Eine beschichtete Pfanne auf mittlerer Stufe erhitzen. Einen Fladen darin 1–2 Min. backen, bis er auf der Unterseite leicht dunkle Blasen bekommt. Dann wenden und auf der zweiten Seite ebenso 1–2 Min. backen. Herausnehmen und im Ofen bei ca. 80° warm halten. Auf diese Weise nach und nach alle Fladen backen.

4. Tomaten waschen, halbieren, ins Curry geben. Limette waschen, trocken reiben, halbieren. Von einer Hälfte Schale abreiben, Saft auspressen. Curry mit Limettenschale, -saft und Salz abschmecken. Zweite Limettenhälfte in vier Spalten schneiden. Curry mit gehacktem Koriander, Chapati und Limettenspalten servieren. Nach Belieben 1 rohe Kartoffel waschen und darüberreiben.

PERSONEN 4 | *ZUBEREITUNG* 40 MIN. | *GRILL-/GARZEIT* 1 STD. 40 MIN. | *ZIEHZEIT* 12 STD.

Feuer-Gnocchi mit Röstzitronen-Öl

Röstaromen satt, fluffig-zarte Konsistenz

RÖSTZITRONEN-ÖL:
1 Bio-Zitrone
160 ml Olivenöl
1 kleines Bund Basilikum
Meersalz

GNOCCHI:
1,5 kg große vorwiegend festkochende Kartoffeln
3 Eier (M)
Meersalz
300 g Spätzlemehl (oder Mehl Type 405)

AUSSERDEM:
Mehl zum Bearbeiten der Gnocchi

1. Den Holzkohlegrill mit reichlich Kohle vorbereiten oder den Backofengrill auf 250° vorheizen. Für das Röstzitronen-Öl die Zitrone waschen, trocken reiben und in dicke Scheiben schneiden. Die Zitronenscheiben auf dem Holzkohlegrill oder im Ofen (Mitte) auf beiden Seiten braun grillen. Mit dem Olivenöl in einer Schüssel ca. 12 Std. durchziehen lassen, am besten über Nacht.

2. Für die Gnocchi die Kartoffeln in der Glut 1 Std. 30 Min. oder im Backofen ca. 1 Std. 20 Min. garen. Bei der Ofenvariante den Röstgeschmack eventuell intensivieren, indem die Kartoffelschale mit einem Küchenbrenner angekohlt wird. Kartoffeln in einer Schüssel ca. 12 Std. kalt stellen (Aromenentfaltung!).

3. Kartoffeln vorsichtig von der Schale befreien und durch eine Kartoffelpresse in eine Schüssel drücken. Eier und 1 TL Salz dazugeben, Mehl daraufsieben. Alles zügig zu einem glatten Teig vermengen, je nach Kartoffelkonsistenz ggf. etwas mehr Mehl hinzufügen. Abgedeckt kurz ruhen lassen. Inzwischen für das Röstzitronen-Öl Basilikum waschen und trocken schütteln. Vier Stängel für die Garnitur beiseitelegen, restliches Basilikum grob hacken. Zitronenscheiben aus dem Öl nehmen, dabei den Saft mit den Händen ins Öl pressen. Öl, Basilikum und etwas Meersalz mit dem Pürierstab fein pürieren.

4. In einem großen Topf reichlich Salzwasser zum Kochen bringen. Inzwischen für die Gnocchi die Arbeitsfläche mit Mehl bestäuben. Den Kartoffelteig portionsweise zu langen, dünnen Strängen mit 2 cm ∅ rollen. Die Stränge in ca. 2 cm lange Stücke schneiden. Die Gnocchi portionsweise je ca. 4 Min. kochen. Sobald sie an der Oberfläche schwimmen, noch 1 Min. weitergaren, damit sie besonders fluffig werden. Mit einer Schaumkelle herausheben, abtropfen lassen und auf ein Holzbrett legen. Sobald alle Gnocchi fertig sind, eine sehr große Pfanne auf mittlerer Stufe erhitzen und das Röstzitronen-Öl hineingeben. Gnocchi darin schwenken. Auf Teller verteilen und mit Basilikumstängeln garnieren.

TIPP: *Wer ein Lagerfeuer macht, sollte darin unbedingt Kartoffeln für die Gnocchi mitgaren – denn damit bekommen die Gnocchi ein ganz besonders intensives Röstaraoma!*

PERSONEN
4

ZUBEREITUNG
50 MIN.

Kartoffelstampf mit karamellisiertem Apfel und Kalbsleber

Aromenspiel: Himmel, Erde und Sojasauce

1 kg mehligkochende Kartoffeln
550 ml Apfelsaft
Meersalz
250 g Butter
4 Zweige Salbei
640 g Kalbsleber
(für 8 kleine Scheiben)
ca. 50 ml japanische Sojasauce
500 ml Pflanzenöl zum Frittieren
2 große Schalotten
2 große Äpfel
2 EL Öl
1 EL Zucker
schwarzer Pfeffer
(frisch gemahlen)

1. Kartoffeln gründlich waschen und schälen, Schalen beiseitelegen. Aus der Mitte einiger großer Kartoffeln mit einem Gemüsehobel 16 dünne, große Scheiben schneiden, diese in einer Schale mit Wasser für die Leber beiseitestellen. Kartoffeln jeweils halbieren und mit 500 ml Apfelsaft, ca. 500 ml Wasser und 1 großen Prise Salz in einen Topf geben, sodass sie bedeckt sind. Zugedeckt aufkochen und bei mittlerer Hitze weich garen. In ein Sieb abgießen, dabei die Flüssigkeit auffangen. Kartoffeln in einem Topf mit einem Kartoffelstampfer zerdrücken. 200 g Butter, etwas Salz und so viel Kochflüssigkeit unterarbeiten, dass ein homogener Stampf entsteht.

2. Inzwischen den Salbei waschen und trocken tupfen, die Blätter abzupfen. Die Hälfte der Blätter beiseitelegen, übrige in feine Streifen schneiden. Die Leber häuten, putzen, waschen, trocken tupfen und in acht Scheiben schneiden. Je mit 1 Spritzer Sojasauce beträufeln. Die Hälfte der Kartoffelscheiben auslegen, die Hälfte der Salbeistreifen darauf verteilen. Leberscheiben darauflegen, mit übrigen Salbeistreifen und Kartoffelscheiben bedecken.

3. Frittieröl in einem hohen Topf auf ca. 180° erhitzen. Es ist heiß genug, wenn an einem hineingehaltenen Holzkochlöffelstiel Bläschen aufsteigen. Beiseitegelegten Salbei knusprig frittieren, bis kein Dampf mehr aufsteigt. Mit einer Schaumkelle herausheben, auf Küchenpapier abtropfen lassen. Kartoffelschalen ebenso frittieren. Schalotten schälen, in Spalten schneiden. Äpfel waschen, vierteln, entkernen. Viertel in Spalten schneiden. Eine kleine Pfanne auf mittlerer Stufe erhitzen, 1 EL Öl darin verteilen. Äpfel mit Schalotten darin beidseitig bräunen. Zucker daraufstreuen, etwas karamellisieren lassen. 25 g Butter, 1 Schuss Sojasauce und etwas Pfeffer hinzufügen, kurz aufschäumen. Restlichen Apfelsaft (50 ml) hinzufügen. Bei niedriger Hitze warm halten.

4. Für die Leber eine große Pfanne auf mittlerer Stufe erhitzen, restliches Öl (1 EL) hineingeben. Leber salzen, in der Pfanne auf jeder Seite je 2–3 Min. braten. Zum Ende restliche Butter (25 g) hinzufügen. Stampf nochmals kurz erhitzen, auf Teller verteilen. Äpfel und Schalotten mit Sud daraufgeben. Je zwei Leberstücke daraufsetzen, mit Kartoffelschalen und Salbei garnieren.

Gesunder Kartoffelgenuss

ROH ODER GEKOCHT

Früher wurde gewarnt: Rohe Kartoffeln enthalten Solanin, ein bei Nachtschattengewächsen vorkommendes Pflanzengift, das zu Übelkeit, hochdosiert zu Schlimmerem führen kann. Die heute gezüchteten Sorten enthalten kaum noch Solanin. Da schaden auch Kochwasser im Püree und ein paar rohe Kartoffelraspel nicht – die bringen höchstens mehr an Geschmack und Textur. Bei älteren Raritäten hilft etwas Sorgsamkeit bei der Aufbewahrung und Verarbeitung: Kartoffeln nicht unter 10 °C, dafür dunkel lagern, damit sie nicht keimen. In den Keimen und grün verfärbten Stellen der Schale sitzt am meisten Solanin. Alle Kartoffeln mit mehr als 4–5 cm langen Keimen sollte man wegwerfen und kleine grüne oder verletzte, vernarbte Stellen großzügig wegschneiden. Bei den alten Kartoffelsorten wird außerdem geraten, sie zu schälen, was rund 80 Prozent Solanin beseitigt. Kochen macht nochmals ca. 10 Prozent unschädlich.

GUT IN SCHALE
Schälen oder nicht? Die Antwort ist für alle, die sich nicht die Finger an heißen, gekochten Kartoffeln verbrennen wollen, klar. Alle anderen sollten Kartoffeln mit der gewaschenen Schale genießen oder erst nach dem Kochen pellen. Zum einen liegen viele gesunde Mineralien, aber auch aromagebende Stoffe direkt unter der Schale. Zum anderen gelangt ohne schützende Hülle beim Garen mehr Wasser ins Kartoffelfleisch und »verwässert« dessen Geschmack und Struktur. Sieht es ein Gericht zwingend vor, kann man geschälte Kartoffeln zusammen mit den Schalen kochen: wenn man später etwas vom Kochwasser zum fertigen Gericht (z. B. Kartoffelbrei) gibt, verstärkt das – ähnlich wie bei mitgekochten Spargelschalen – den Eigengeschmack der Kartoffel.

Bohnen

Warum in aller Welt essen Kinowesternhelden immer Bohnen am Lagerfeuer? Vielleicht, weil es Bohnen schon seit Anfang der 1820er-Jahre in den USA praktisch für unterwegs in Dosen gab? Damit ließe es sich erklären, denn kaum ein Cowboy dürfte Zeit gehabt haben, Bohnen stundenlang einzuweichen und zu kochen. Aber vielleicht gibt es ja doch noch andere Gründe, warum sich alle Lonesome Rider früher oder später um den Bohnentopf scharen? Machen wir uns auf die Suche …

Bohnen gehören wie Erbsen zu den Hülsenfrüchten und enthalten sogar noch etwas mehr Eiweiß, dazu reichlich Kohlenhydrate, Ballaststoffe, Magnesium, Zink und Kalium. Vor allem in ihren ursprünglichen Herkunftsländern Latein- und Mittelamerikas werden sie daher in großem Stil als Grundnahrungsmittel angebaut, nicht zuletzt, weil sie lange lagerbar und preiswert sind.

BEI GRÜNEN (GARTEN-)BOHNEN handelt es sich um unreife, kaum entwickelte Bohnenkerne in ihren Schoten. Sie unterscheiden sich sowohl aromatisch als auch geschmacklich völlig von den ausgereiften Kernen jener Bohnensorten, die wir getrocknet kaufen. Grüne Bohnen kann man nach der Form ihrer Schoten unterteilen: dünne, runde und eher flache, breite Bohnen. Ein zweites Merkmal ist die Wuchsform der Bohnenpflanze: Es gibt niedrige Buschbohnen oder hochrankende Stangenbohnen.

Grüne Bohnen schmecken in erster Linie »grün«: Grün-grasige, leicht fettige, wachsige Aromen und eher würzig-grüne durch Pyrazine erzeugte Noten, wie wir sie auch in grüner Paprika finden, sind prägend. Beim Garen verflüchtigen sich diese Stoffe schnell. Dafür entwickeln sich schwefelige Aromen und florale, leicht nach Honig duftende Noten. Geschmacklich sind sowohl grüne als auch getrocknete Bohnen unauffällig: ein wenig bitter, getrocknete Bohnen eher »starchy« (s. S. 106 / 107). Bei längeren Garzeiten entwickeln Trockenbohnen aber neben reichlich herzhaftem Umami einen weiteren, besonderen Geschmackseindruck: Aufgrund ihres großen Stärkegehalts fördern sie das Gefühl einer zungenschmeichelnden, extrem rund wirkenden »Mundfülle«, »Kokumi« genannt. Genau dieser Geschmackseindruck macht Bohneneintopf, Chilis, Refried Beans und andere lang gegarte Bohnengerichte zum perfekten »Comfort Food« – ein Balsam für Zunge, Magen und Seele. Dass es nicht immer nur Bohneneintopf sein muss, beweist unsere Reise mit fünf Rezepten aus aller Welt (s. S. 142–155).

• REZEPT 1: CREMIG

Gegarte getrocknete Bohnen sind oft »nur« Grundlage von aromatisch und geschmacklich variierenden Gerichten – aber was für eine: Aufgrund der enthaltenen Stärke verleihen sie diesem Mus herrliche Cremigkeit. Darauf können sich frische Zitronensäure, herb-würziger Thymian und Knoblauch sowohl aromatisch als auch geschmacklich perfekt austoben und entfalten.

• REZEPT 2: KLASSISCH NORDISCH

Inspiriert vom typisch norddeutschen »Birnen, Bohnen, Speck«, das die vielschichtigen grünen Aromen von Gartenbohnen wunderbar zur Geltung bringt. Würziges Bohnenkraut kommt hier frisch gehackt hinzu und darf seine ebenfalls grünen Noten mit den fruchtigen von Birne oder (ostfriesisch) Apfel entfalten. Gebratener Speck macht das Ganze richtig umami-herzhaft.

• REZEPT 3: MEXICAN SOUL FOOD

»Refried Beans«, gegarte und anschließend gebratene Bohnen, sind fester Bestandteil der Tex-Mex-Küche. Mit weiteren Zutaten wie Avocado, Tomaten, Zwiebeln, scharfen Chilis, kühlender Crema und cremigem Queso feiern hier die Geschmacksknospen Fiesta. Und nach dem Feiern bleibt dank nahrhaftem umami- und kokumireichem Bohnenmus dann nur eins: rundum satt und zufrieden sein.

• REZEPT 4: BEYOND MEAT

Auch mit Bohnen statt Erbsen gelingen Veggie-Burger perfekt. Braune Bohnen und Kichererbsenmehl sichern einen hohen Proteinanteil und geben dem Burger gleichzeitig fleischigen Biss und ein kernig-nussiges Aroma. Der besondere Clou dazu: eine Mayonnaise, in der Bohnenkochwasser (Aquafaba) mit seinen emulgierenden Eigenschaften Eigelb ersetzt.

• REZEPT 5: AUS BALI

Schlangenbohnen ähneln geschmacklich Gartenbohnen, haben aber gegart eine festere Konsistenz. Mit Erdnusssauce ergeben sie eine geschmacklich runde Sache. Deren Chilischärfe, milde Süße der Kokosmilch, dezente Limettensäure und nussig-röstige Aromen der Erdnuss passen perfekt zur Gemüsekombi: Kartoffeln, Bohnen und Kohl bringen grün-fettige, leicht schwefelige Noten, die gut mit den schwefeligen bzw. hefig-nussigen Noten von Ei und Tempeh harmonieren – Veggie mit Fernwehgarantie!

PERSONEN	ZUBEREITUNG	EINWEICHZEIT	GARZEIT
4	20 MIN.	12 STD.	40 MIN.

Weiße-Bohnen-Dip mit Knoblauch und Zitrone

erdig-nussige Note, würzige Frische und Cremigkeit

250 g getrocknete weiße Bohnen
(oder 1 Dose weiße Bohnen, 480 g Abtropfgewicht)
2 Knoblauchzehen
Meersalz
4 Zweige Thymian
1 Bio-Zitrone
schwarzer Pfeffer
(frisch gemahlen)
100 ml Olivenöl

1. Die Bohnen 12 Std. in kaltem Wasser einweichen. In ein Sieb abgießen, abbrausen und in einem Topf gut mit Wasser bedecken. Den Knoblauch schälen und zusammen mit 1 großen Prise Salz in den Topf geben. Alles zugedeckt zum Kochen bringen und bei mittlerer Hitze ca. 40 Min. köcheln, bis die Bohnen weich sind.

2. Den Thymian waschen und trocken schütteln, die Blätter abzupfen. Die Zitrone waschen und trocken reiben, etwas Schale abreiben. Die Zitrone halbieren, den Saft einer Hälfte auspressen.

3. Die Bohnen in ein Sieb abgießen, dabei das Kochwasser auffangen. Die Bohnen mit dem gekochten Knoblauch, Zitronenschale und -saft, etwas Salz und Pfeffer, 80 ml Olivenöl und der Hälfte der Thymianblätter mit dem Pürierstab cremig pürieren. Bei Bedarf für eine cremigere Konsistenz etwas aufgefangenes Kochwasser hinzufügen.

4. Den Weiße-Bohnen-Dip in eine Schale geben. Restliches Olivenöl (20 ml) und übrige Thymianblätter daraufgeben und nochmals mit Salz und Pfeffer würzen. Die übrige Zitronenhälfte in vier Stücke schneiden und dazu servieren. Die Paste passt sehr gut zu knackigem Gemüse, etwa Paprika, Staudensellerie und Kohlrabi.

PERSONEN
4

ZUBEREITUNG
40 MIN.

Grüne Bohnen, Birne und Speck

Würze, Süße und Säure

1 kg grüne Bohnen
Meersalz
2 feste Birnen (oder, ostfriesisch inspiriert, Äpfel)
2 EL Aceto balsamico bianco
2 Schalotten
2 EL Öl
200 g Speckwürfel
schwarzer Pfeffer (frisch gemahlen)
4 Zweige Bohnenkraut

1. In einem großen Topf reichlich Salzwasser zum Kochen bringen. Inzwischen die Bohnen waschen und putzen, falls nötig, den Stielansatz entfernen und eventuell vorhandene Fäden abziehen.

2. Die Birnen waschen und vierteln, dabei die Kerngehäuse entfernen. Die Birnenviertel in kleine Würfel schneiden und diese mit dem Balsamico bianco vermengen. Die Schalotten schälen und ebenfalls in kleine Würfel schneiden.

3. Das Öl in einer Pfanne erhitzen und den Speck darin bei mittlerer Hitze auslassen. Die Schalottenwürfel hinzufügen und bräunen. Die Birnenwürfel dazugeben und alles mit Pfeffer würzen, dann vom Herd nehmen. Das Bohnenkraut waschen und trocken schütteln. Die Blätter abzupfen und in die Pfanne geben.

4. Sobald das Wasser kocht, die Bohnen darin ohne Deckel in 6–8 Min. gar kochen – sie sollten zwar noch Biss haben, aber nicht mehr »quietschen« (s.S. 146). In ein Sieb abgießen und sofort mit der Speckmischung in der Pfanne vermengen. Warm oder kalt servieren, z. B. mit gebratener Scholle.

GESCHMACKS-INSIGHT BOHNEN

Grüne-Bohnen-Weisheiten

UNGETRÜBTER GESCHMACK

Auch wenn Bohnen mit ihrer frischen Farbe einfach zum Anbeißen aussehen: Der Versuchung, die eine oder andere Schote schon vor dem Garen zu vernaschen, sollte man widerstehen. Denn rohe Bohnen enthalten das für den Menschen giftige Phasin – diese Eiweißverbindung bindet rote Blutkörperchen und bringt sie zum Verklumpen. Schon fünf bis sechs rohe Bohnen reichen, um Symptome wie Kopfschmerzen, Übelkeit, Erbrechen und Magen-Darm-Beschwerden hervorzurufen, größere Mengen können tödlich sein. Warnhinweise wie Bitterstoffe oder einen unangenehmen Geschmack liefert uns das Gemüse leider nicht. Doch zum Glück ist Phasin temperaturempfindlich, verändert beim Erhitzen seine Struktur und wird dadurch unschädlich. Auch das Keimen von Bohnen verringert den Phasingehalt – darum müssen Sprossen von z. B. (Mung-)Bohnen auch nicht gekocht, sondern nur kurz mit heißem Wasser übergossen oder blanchiert werden – das Wasser sollte man allerdings entsorgen.

PERFEKT GEGART

Garen muss also sein. Allerdings möglichst kurz, um die grasig-grünen Aromen der Bohne, ihre knackige Textur und die leuchtende Farbe zu erhalten. Bei zarten, jungen Bohnen reichen 8–10 Min. Garzeit. Gare Bohnen erkennt man daran, dass sie beim Biegen nicht mehr brechen. Ein weiterer einfacher Test für die passende Garzeit ist ein herzhafter Biss in eine Probebohne: Wenn sie »quietscht«, braucht sie noch etwas. Das Geräusch lässt sich auf die noch intakten, straff gespannten Zellwände zurückführen, die den Zähnen durch Reibung hörbaren Widerstand leisten. Etwas Säure in Form eines Spritzers Essig oder Zitronensaft im Kochwasser hilft, die grüne Farbe der Bohnen zu erhalten. Und einige mitgekochte Zweige Bohnenkraut – beim Einkauf auf dem Wochenmarkt gibt's die meist gleich zu den Bohnen dazu – unterstreichen das typische Aroma des Gemüses.

Die feinen Kaffeenoten grüner Bohnen potenzieren: Die Bohnen in kochendem Wasser (oder direkt in Kaffee) blanchieren. Geröstete Kaffeebohnen zerstoßen. In einer Pfanne fein-grasiges Olivenöl (Umbrien!) auf mittlerer Hitze erwärmen, Kaffeebohnen und die Bohnen hineingeben, salzen.

PERSONEN
4

ZUBEREITUNG
50 MIN.

Bean Tacos

cremig zermust, mit feuriger Würze

1 kg gemischte, gegarte Bohnen
(getrocknete Bohnen selbst gegart oder aus der Dose, z. B. Pintobohnen, Kidneybohnen, weiße Bohnen, Limabohnen)
300 g grüne Bohnen
Meersalz
3 rote Zwiebeln
4 Jalapeños
(mexikanische Chilischoten)
3 Knoblauchzehen
16 Kirschtomaten
2 Bio-Limetten
½ Eisbergsalat
1 kleines Bund Koriandergrün
1 kleines Bund glatte Petersilie
200 g Crème fraîche
1 Avocado
2 EL Olivenöl
4 EL Öl
1 TL gemahlener Kreuzkümmel
1 Prise Chilipulver
(z. B. Ancho Chili)
200 g Feta
8 kleine Maistortillas
100 g Maistortillachips

1. Bohnen in ein Sieb abgießen, dabei Sud auffangen. Grüne Bohnen waschen, putzen und in einem Topf mit kochendem Salzwasser in 6–8 Min. bissfest garen. In ein Sieb abgießen, abschrecken und abtropfen lassen. Zwiebeln schälen. 2 Zwiebeln in dünne Ringe schneiden und abgedeckt kalt stellen, 1 Zwiebel fein würfeln. Jalapeños waschen und putzen. 2 Schoten fein hacken, 2 Schoten in dünne Ringe schneiden. Knoblauch schälen, fein hacken. Tomaten waschen, jeweils vierteln. Limetten waschen, trocken reiben. 1 Limette in Stücke schneiden. Von der zweiten Limette Schale abreiben und Saft auspressen. Eisbergsalat putzen, waschen, trocken schleudern und in dünne Streifen schneiden. Koriander und Petersilie waschen, trocken schütteln und getrennt hacken.

2. Crème fraîche in eine Schüssel geben. Avocado halbieren und entkernen, Fruchtfleisch herauslösen und in eine Schüssel geben. Limettenschale und -saft je zur Hälfte auf Crème fraîche und Avocado aufteilen. Beides mit je 1 Prise Salz würzen. Crème fraîche glatt rühren, kalt stellen. Zur Avocado das Olivenöl und je ein Drittel gehackten Knoblauch und gehackte Jalapeño geben. Mit einer Gabel zu Mus zerdrücken, abschmecken und kalt stellen.

3. Einen Topf auf mittlerer bis hoher Stufe erhitzen. 2 EL Öl hineingeben, Zwiebelwürfel darin anbraten. Je die Hälfte des übrigen gehackten Knoblauchs und der gehackten Jalapeños hinzufügen und kurz mitbraten. Hälfte der gekochten Bohnen hinzufügen, kurz mitbraten. Mit Salz, Kreuzkümmel und Chilipulver würzen. Mit dem Kartoffelstampfer zermusen. So viel Bohnensud angießen, dass eine geschmeidige Konsistenz entsteht. Abschmecken.

4. Eine Pfanne auf hoher Stufe erhitzen. Restliches Öl (2 EL), übrigen Knoblauch und gehackte Jalapeños hineingeben. Grüne und übrige gemischte Bohnen hinzufügen, kurz anbraten und salzen. Petersilie untermischen. Tortillas nach Packungsangabe erwärmen. Bohnenpaste, Salat und gemischte Bohnen daraufgeben, Feta darüberbröseln. Crème fraîche, Avocadocreme, Zwiebelringe, Kirschtomaten, Jalapeñoringe und Koriander darübergeben. Tortillachips darüberbröseln. Limettenstücke dazu servieren.

GESCHMACKS-INSIGHT BOHNEN

Getrocknete-Bohnen-Weisheiten

VIEL WASSER

Ganz schön praktisch und extrem vielfältig: Mit getrockneten Bohnen im Vorratsschrank wird's garantiert nicht langweilig, denn die Hülsenfrüchte gibt es in zahllosen Größen und Farben – und jede Sorte schmeckt auch ein bisschen anders. Einziger Wermutstropfen: Man braucht etwas Geduld. Denn zunächst sollte man die Bohnen möglichst 8–12 Std. in etwa der dreifachen Menge Wasser quellen lassen. So hat das Wasser Zeit, über den kleinen »Nabel« vorne in der Krümmung der Bohne einzudringen. Beim Garen erwärmt sich dieses Wasser im Inneren der Bohne sofort mit und die Bohnen garen von innen nach außen. Bei uneingeweichten Bohnen braucht das Kochwasser dagegen wesentlich länger, um ins Innere zu gelangen – die äußeren Schichten zerkochen bereits, während das Innere noch hart ist. Wer die Einweichzeit verkürzen will, übergießt die Bohnen mit kochendem Wasser und lässt sie vor dem Garen gut eine Stunde quellen. Alternativ können auch schon gegarte Bohnen aus der Dose genommen werden.

EINE PRISE SALZ

Bohnen sollten bei kleiner Hitze garen, nur so nehmen sie gleichmäßig Wasser auf. Bei zu großer Hitze platzen die Stärkekügelchen im Inneren zu schnell, verkleistern, quellen und lassen die Schale platzen. Entgegen der früheren Regel, das Kochwasser nicht zu salzen, weiß man heute, dass Bohnen mit einer Prise Salz sogar schneller garen: Salz hilft, die feste Pektinstruktur der Bohnenhaut zu lockern, Wasser kann leichter eindringen, die Bohnen garen schneller. Doch woher kommt der Irrglaube? Hartes, kalkhaltiges Wasser enthält viele Kalziumionen, die die Pektinmoleküle der Bohnenhaut »verschweißen« und die Zellwände stabilisieren – in geringen Mengen ein Garant dafür, dass die Bohnen eine intakte Haut behalten und nicht platzen, in höheren Dosen bleiben die Bohnen länger hart. Ein Hausmittel gegen kalkhaltiges Wasser: 1 Prise Natron (nur ein wenig, sonst schmecken die Bohnen seifig!). Säuren helfen dagegen, Pektin zu verfestigen – wer also Essig, Zitronensaft oder säurehaltige Tomaten zu früh ins Chili gibt, verzögert den Garprozess.

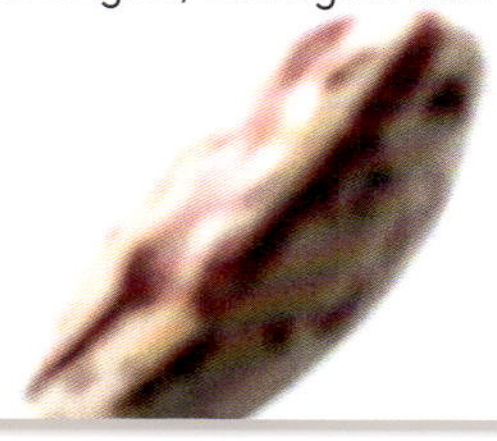

Gerichte aus getrockneten Bohnen vertragen kräftige Gewürze wie Kreuzkümmel, Chili oder Knoblauch. Diese am besten gleich mitkochen.

PERSONEN 4 · ZUBEREITUNG 50 MIN.

Bean Burger

fleischlos – würzig umrahmt

PATTIES UND BELAG:
600 g gegarte braune Bohnen (aus der Dose, z. B. Pintobohnen oder Kidneybohnen)
2 Schalotten
2 Knoblauchzehen
2 EL Olivenöl
1 TL Kreuzkümmelsamen
½ TL Selleriesamen
Meersalz
1 Prise Cayennepfeffer
1 Möhre
1 kleines Bund Schnittlauch
100 g Kichererbsenmehl
2 EL Öl
1 kleiner Chicorée
1 kleiner Radicchio
2 große Tomaten
4 EL Tomatenmark (s. S. 108)

AQUAFABA-MAYO:
1 TL feiner Senf
1 TL Kokosblütenzucker
1 EL Aceto balsamico bianco
Meersalz
schwarzer Pfeffer (frisch gemahlen)
200 ml Öl

AUSSERDEM:
4 Burgerbrötchen (nach Belieben vegan)

1. Für die Patties die Bohnen in ein Sieb abgießen, dabei den Sud auffangen. 50 ml Bohnensud (Aquafaba) in einem hohen Rührbecher beiseitestellen. Schalotten und Knoblauch schälen und fein hacken. Olivenöl in einem Topf erhitzen und Schalotten mit Knoblauch darin anbraten. Kreuzkümmel und Selleriesamen im Mörser grob zerstoßen und mit den Bohnen in den Topf geben. Alles leicht anbraten, mit Salz und Cayennepfeffer würzen, mit einem Kartoffelstampfer zermusen und etwas abkühlen lassen. Möhre putzen, falls nötig schälen, und mit der Küchenreibe fein raspeln. Schnittlauch waschen, trocken schütteln und fein schneiden. Kichererbsenmehl, Möhre und Schnittlauch mit den zerstampften Bohnen verkneten. Die Masse vierteln. Aus jeder Portion einen Patty formen, dafür ein paar Tropfen Öl in die Handinnenflächen geben.

2. Für die Mayo Senf, Kokosblütenzucker, Balsamico, Salz und Pfeffer zu den im Rührbecher beiseitegestellten Sud geben. Mit einem Pürierstab fein mixen und aufschäumen. Unter weiterem Mixen das Öl in einem dünnen Strahl hineinlaufen lassen, sodass eine cremige Konsistenz entsteht.

3. Für den Belag Chicorée und Radicchio putzen, die Blätter ablösen, waschen, trocken schleudern und kalt stellen. Die Tomaten waschen, von den Stielansätzen befreien und in Scheiben schneiden.

4. Für die Patties eine Pfanne auf mittlerer bis hoher Stufe erhitzen. Das Öl hineingeben und die Patties darin von beiden Seiten in je ca. 3 Min. braun und leicht knusprig braten.

5. Nebenher die Burgerbrötchen quer halbieren und nach Belieben auf den Schnittflächen in einer Pfanne ohne Fett rösten. Die unteren Brötchenhälften mit der Mayo bestreichen. Nacheinander Salat, Patties, Tomatenscheiben und nochmals Salat übereinander darauflegen. Die Brötchenoberhälften jeweils auf der Schnittfläche mit Tomatenmark bestreichen, die Burger damit abdecken.

TIPP: *Statt der Aquafaba-Mayo passt auch Weiße-Bohnen-Dip (s. S. 142).*

PERSONEN
4

ZUBEREITUNG
50 MIN.

Gado Gado

erdig, nussig und durch Chilischärfe verbunden

GEMÜSEMISCHUNG:
1 kg festkochende Kartoffeln
(z. B. Nicola oder Goldmarie)
Meersalz | 1 TL Zucker
200 g Weißkohl
400 g Schlangenbohnen
(oder grüne Bohnen)
200 g Mungbohnensprossen
2 Eier (M) | 1 Bio-Limette
4 Frühlingszwiebeln
2 große rote Chilischoten
400 g fester Tofu
400 g Tempeh (aus dem Asia- oder Bioladen)
1 EL Öl
100 g Krupuk (indones. Cracker; nach Belieben vegetarisch)

ERDNUSSSAUCE:
2 Knoblauchzehen
2 Schalotten
1 Stück Ingwer (ca. 3 cm lang)
1 kleine rote Chilischote
1 EL Öl
200 g Erdnusskerne
2 EL Palmzucker (oder anderer brauner Zucker)
2 Kaffir-Limettenblätter
200 g Kokosmilch
50 ml Ketjap Manis (aus dem Asialaden)
Meersalz
1 Bio-Limette

1. Die Kartoffeln waschen, schälen und halbieren. Zugedeckt in einem Topf mit wenig Salzwasser und Zucker in 15–20 Min. gar kochen. In einem großen Topf reichlich Salzwasser aufkochen. Inzwischen den Weißkohl putzen, waschen und blättrig schneiden. Die Schlangenbohnen waschen, putzen und in ca. 5 cm lange Stücke schneiden. Sobald das Wasser kocht, die Sprossen 10 Sek. darin blanchieren. Dann mit einem Schaumlöffel herausheben, kalt abschrecken und abtropfen lassen. Nacheinander den Weißkohl und die Schlangenbohnen jeweils 1 Min. blanchieren, herausheben und abschrecken. Wichtig: Bei Verwendung von grünen Bohnen, diese ca. 4 Min. blanchieren, um das darin enthaltene giftige Phasin abzubauen (s. S. 146). Zum Schluss die Eier im Wasser in ca. 10 Min. hart kochen, anschließend kalt abschrecken.

2. Für die Erdnusssauce Knoblauch, Schalotten und Ingwer schälen und klein hacken. Die Chilischote putzen, waschen und ebenfalls hacken. In einem kleinen Topf das Öl erhitzen und die Erdnüsse darin anrösten. 2 EL Erdnüsse abnehmen und beiseitestellen. Die gehackten Zutaten zu den Erdnüssen in den Topf geben und kurz mit anrösten. Zucker, Limettenblätter, Kokosmilch, Ketjap manis, 200 ml Wasser und 1 große Prise Salz hinzufügen und alles offen ca. 10 Min. köcheln lassen. Die Limette waschen und trocken reiben. Schale abreiben und Saft auspressen, beides zur Sauce geben. Limettenblätter aus der Sauce nehmen. Die Sauce mit dem Pürierstab fein mixen und abschmecken.

3. Zum Fertigstellen der Gemüsemischung die Limette waschen und in Spalten schneiden. Frühlingszwiebeln waschen, putzen und leicht schräg in dünne Scheiben schneiden. Chilischoten waschen, putzen und in dünne Ringe schneiden. Tofu und Tempeh in ca. 1 cm dicke Scheiben schneiden und salzen. Eine Pfanne auf mittlerer bis hoher Stufe erhitzen, Öl hineingeben und Tofu und Tempeh darin beidseitig braun anbraten. Eier pellen und jeweils halbieren. Die von der Sauce beiseitegestellten Erdnüsse im Mörser zerstoßen. Blanchierte Gemüse, Eier, Tofu und Tempeh auf Teller verteilen und mit der Erdnusssauce übergießen. Mit zerstoßenen Erdnüssen, Frühlingszwiebeln und Chiliringen toppen. Limettenspalten und Krupuk dazu servieren.

Auberginen

1978 eröffnete in München das »Aubergine«, ein Restaurant, das wie sein Besitzer, der hochverehrte Eckart Witzigmann, zur Legende wurde. Das Interieur des Gourmettempels entspricht mit seinen Silber- und Auberginetönen ganz dem Look der Naturschönheit. Das elegante Äußere des Gemüses könnte leicht über den roh etwas faden Geschmack und das schwammige Innere hinwegtäuschen. Zubereitet wird die Aubergine zur Delikatesse, es braucht nur Liebe zum Produkt und ein paar Kniffe.

Seine Liebe zur Aubergine entflammte laut Herrn Witzigmann auf einer Indienreise. Dort bzw.in Asien wird der Ursprung des Nachtschattengewächses vermutet, und dort lässt sich eine schier unendliche Vielzahl an Sorten finden – von erbsengroß und grün über weiß, gelb und eierförmig, rund oder keulenförmig, bis hin zu gestreift oder rot. Diese Sorten enthalten häufig noch deutlich höhere Anteile an ausgeprägten Bitterstoffen.

VIELE DIESER EXOTISCHEN, teils ursprünglicheren Sorten gibt es inzwischen auch hierzulande in Asialäden zu kaufen. Im Supermarkt findet man dagegen meist die schwarzviolette, leicht keulenförmige Sorte »Solanum melongena« in verschiedenen Varietäten. Diese Auberginensorte gelangte erst in den 70er-Jahren aus Italien und Spanien nach Deutschland – war also zur Eröffnungszeit des »Aubergine« noch richtig hip. Wie aus den meisten anderen Auberginensorten wurden aus ihr Bitterstoffe und giftiges Solanin weitgehend herausgezüchtet. Die Warnung, Auberginen nicht roh zu essen, ergibt daher eigentlich kaum noch Sinn – dafür gibt es andere Gründe …

Unter der teilweise ledrig-dicken Schale verbirgt sich ein schwammiges, poröses, oft von kleinen Kernen durchsetztes Fruchtfleisch. Roh ist es weder aromatisch noch von der Textur her ein großes Vergnügen. Die kaum wahrnehmbaren grünen Geruchsnoten erscheinen auch beim Kauen kaum ausgeprägter. Und doch hat die Aubergine ihren Reiz – den sie allerdings erst beim Garen entwickelt: Wenn man es schafft, einen Schwamm, der sich gerne blitzschnell voller Öl saugt, in ein Gemüse von weicher, fett-cremiger Konsistenz zu verwandeln und die zarten leicht kräuterigen bis pilzig-erdigen Noten aus der Aubergine zu locken. »Das Produkt ist der Star!«, so Genie Witzigmann, und dies gilt auch für unsere vier Rezepte (s. S. 160–171).

• REZEPT 1: CREMIG

Einfacher und besser geht es nicht: Wenige Zutaten, aber viel Hitze verwandelt wattiges Auberginenfleisch in eine üppige, voll schmeckende Creme. Und das, obwohl nur wenig Olivenöl zum Einsatz kommt. Das wird erst nach dem Garen dazugegeben und ergänzt die grasigen, fettwachsigen Noten der Aubergine durch fruchtig-herbe Grasigkeit. Schöner Kontrast zur glatten, gemütlichen Cremigkeit: ein Spritzer Säure durch frischen Zitronensaft.

• REZEPT 2: VOLL FETT

Wer klagt denn, dass Auberginen oft zu ölig, fettig werden? Wir finden: sie vertragen im Gegenteil ordentlich Fett – solange sie sich nicht übermäßig damit vollsaugen. Kurz bei hoher Hitze frittiert, bekommen sie eine wunderbar weiche Konsistenz und entfalten herrlich herb-würzige Erdaromen. Genau passend zu herzhaft-fetten Sardinen. Gegen allzu viel Fett hilft bekanntermaßen ein bisschen (Magen-)Bitter und Säure – hier in Form von herbem Salat und Zitrone.

• REZEPT 3: THAI-STYLE

Auberginen mal ganz ursprünglich, wie man sie auch in Thailand essen könnte: mit exotischen Auberginensorten, die sowohl von Textur als auch Aroma völlig unterschiedlich ausfallen und zum fröhlichen Ausprobieren reizen: mal knackig und herb, mal cremig und mild und auch mal ganz schön bitter. Kokosmilch mildert bittere Noten. Dafür triggert die selbst gemachte Currypaste unsere Geschmacksknospen mit Chilischärfe und frischer Zitrussäure, die sich in der Sauce als Säure wiederholt. Mit süßlich-pfeffrigem Thai-Basilikum geht's im Currytopf dann vollends rund – ein exotisches Geschmackskarusell – alle einsteigen bitte!

• REZEPT 4: KLASSISCH GRIECHISCH

Moussaka aus Griechenland ist deftiges Soul Food – jedoch nicht ohne Raffinesse: Kartoffeln, Auberginen, Lamm- und cremige Béchamelsauce streicheln Seele und Geschmacksnerven mit ihrer jeweils unterschiedlichen, aber grundsätzlich weichen Textur. Zimt zu Lamm ist typisch griechisch und sorgt für einen zusätzlichen süß-heimeligen Wohlfühlfaktor. Damit es aber vollends gut und nicht nur kuschelig wird, ergänzen Tomaten Säure und zusammen mit Parmesan Umami – Zunge und Seele werden gleichermaßen rundum happy.

PERSONEN *4* *ZUBEREITUNG* *10 MIN.* *GARZEIT* *50 MIN.*

Auberginenkaviar mit Zitrone

pures Auberginenaroma mit einem Hauch Säure

2 Auberginen
2 Knoblauchzehen
4 EL Olivenöl
Meersalz
1 Bio-Zitrone

1. Den Backofen auf 200° vorheizen. Ein Backblech mit Backpapier auslegen. Die Auberginen waschen, rundum mit einem Messer mehrfach einstechen, auf das Blech legen und im Ofen (Mitte) ca. 20 Min. backen. Die Knoblauchzehen ungeschält zu den Auberginen auf das Blech legen und alles noch ca. 30 Min. weiterbacken, bis die Auberginen ganz weich sind.

2. Das Blech aus dem Ofen nehmen. Die Auberginen etwas abkühlen lassen, dann längs halbieren. Das Fruchtfleisch (den »Auberginenkaviar«) mit einem Löffel aus der Schale herausschaben und in eine Schüssel geben. Den Knoblauch schälen, zerdrücken und dazugeben. Das Olivenöl und 1 große Prise Salz hinzufügen und alles mit einer Gabel zu Mus zerdrücken. Die Zitrone waschen, in Spalten schneiden und zum Beträufeln der Aubergine mit servieren. Dazu passt Fladenbrot.

TIPP: *Schneller geht es, wenn du die Auberginen in der Mikrowelle garst. Dazu wie beschrieben rundum einstechen und bei höchster Wattzahl in der Mikrowelle 4–5 Min. ganz weich garen. Mit einem spitzen Messer testen, ob sie schon weich sind: Gleitet das Messer widerstandslos bis zur Mitte, sind die Auberginen gar. Ansonsten kurz weitergaren.*

PERSONEN
4

ZUBEREITUNG
30 MIN.

Auberginenmus mit Sardinen und herbem Salat

kräftige orientalische Aromen und reizvolle Bitterstoffe

600 g Sardinen (küchenfertig)
100 g Hartweizengrieß
Meersalz
1 Prise gemahlener Kreuzkümmel
320 g herbe Salatblätter (z. B. Löwenzahn, Rucola, Radicchio oder Chicorée)
2 Bio-Zitronen
4 Auberginen
4 EL Speisestärke
2 l Pflanzenöl zum Frittieren
frisch geriebene Muskatnuss

1. Die Sardinen kalt abbrausen, dabei eventuell anhaftende Schuppen mit den Fingern abschieben und, wenn gewünscht, die Köpfe abtrennen. Den Grieß mit 1 großen Prise Salz und dem Kreuzkümmel vermengen. Den Salat putzen, waschen und trocken schleudern. Die Zitronen waschen und trocken reiben. 1 Zitrone halbieren, den Saft einer Hälfte auspressen. Die andere Hälfte und die zweite Zitrone in Stücke oder Spalten schneiden. Die Aubergine waschen, putzen und quer in ca. 2 cm dicke Scheiben schneiden. Die Scheiben in der Speisestärke wenden.

2. Das Öl in einem großen Topf auf ca. 200° erhitzen. Es ist heiß genug, wenn an einem hineingehaltenen Holzkochlöffelstiel sehr schnell Bläschen aufsteigen. Die Hälfte der Auberginenscheiben im Öl in 3–4 Min. hellbraun frittieren (Achtung, es kann spritzen!). Mit einem Schaumlöffel herausnehmen und auf Küchenpapier abtropfen lassen. Restliche Auberginen ebenso frittieren.

3. Die Sardinen in der Grießmischung wälzen. Die Hälfte der Sardinen im heißen Öl je nach Größe in ca. 5 Min. knusprig frittieren. Herausnehmen und auf Küchenpapier abtropfen lassen. Mit Salz würzen.

4. Während die Sardinen frittiert werden, nebenher die Aubergine mit zwei Gabeln zu Mus zerdrücken. Zitronensaft, je 1 große Prise Salz und Muskatnuss dazugeben. Das Auberginenmus mit Sardinen, Salat und den Zitronenstücken servieren.

GESCHMACKS-INSIGHT AUBERGINEN
Wasser marsch!

SALZEN!
Das Fruchtfleisch von Auberginen ist nicht nur schwammig, es enthält auch über 90 Prozent Wasser. Beides führt dazu, dass es beim Braten nicht schnell bräunt, sondern sich blitzschnell mit Öl vollsaugt. Um das zu verhindern, macht man sich ein simples physikalisches Gesetz zunutze: Man salzt Auberginenscheiben vor dem Garen gründlich ein – und wartet, bis die Zellen des Auberginenfruchtfleisches sich bemühen, den geringen Salzgehalt in ihrem Inneren und den hohen Salzgehalt außen auszugleichen. Da die dünne Zellmembran aber nicht durchlässig für die großen Salzmoleküle ist, lässt sie zelleigenes Wasser nach außen austreten – mit dem Bestreben den hohen Salzgehalt dort zu verdünnen. Positiver geschmacklicher Nebeneffekt davon: die in Auberginen bisweilen enthaltenen wasserlöslichen Bitterstoffe werden ebenfalls heraustransportiert!

GEBRÄUNT, NICHT FETTIG

Das in der Naturwissenschaft als »Osmose« bekannte Ausgleichsprinzip macht man sich in der Küche immer wieder zunutze. Entzieht man wasserreichem Gemüse durch Salz vor dem Braten Wasser, bräunt es dann schneller und entlässt bei geringen Temperaturen nicht erst überschüssiges Wasser in die Pfanne. Daneben hat Salzen eine weitere positive Auswirkung auf die spezifische wattige Struktur von Auberginenfleisch, das sich beim Braten wie ein Schwamm mit Öl oder Fett füllt: Durch den hohen osmotischen Druck, der durch das Salzen entsteht, und den Wasserentzug brechen die Pflanzenzellen in sich zusammen und die Aubergine wird weicher. Drückt man das Auberginenfleisch dann kräftig aus, verklebt die kollabierte Zellstruktur. Die Auberginen bräunen so nicht nur schneller, es kann auch wesentlich weniger Bratfett ins Fruchtfleisch eindringen. Röstaromen statt Öl!

PERSONEN
4

ZUBEREITUNG
40 MIN.

Thai Eggplant Curry

von Chili und Curry angefeuert, von Kokos besänftigt

1 Stück Ingwer (ca. 3 cm lang)
1 Stück Galgant (ca. 3 cm lang)
2 Knoblauchzehen
1 Schalotte
1 kleine grüne Chilischote
3 Stängel Zitronengras
1 kleines Bund Koriandergrün (mit Wurzeln)
½ TL Korianderkörner
2 TL Palmzucker (oder anderer brauner Zucker)
320 g Jasmin-Reis
Meersalz
6 Kaffir-Limettenblätter
1 kg Auberginen (verschiedene Sorten, z. B. europäische violette, japanische oder indische weiße, thailändische grüne oder blaue)
100 g Cashewkerne
4 EL Öl
2 EL Fischsauce (nach Belieben)
600 ml Kokosmilch
1 Bio-Limette
1 kleines Bund Thai-Basilikum

1. Ingwer, Galgant, Knoblauch und Schalotte schälen. Die Chilischote längs aufschneiden, entkernen und waschen. Alle vorbereiteten Zutaten hacken und in einen Mörser geben. Das Zitronengras waschen, putzen und mit einem schweren Messerrücken anschlagen, damit die Aromen freigesetzt werden. 2 Zitronengrasstängel hacken und ebenfalls in den Mörser geben. Das Koriandergrün waschen und trocken tupfen. Blätter mitsamt Stielen abschneiden, hacken und bis zum Servieren kalt stellen. Die Korianderwurzeln hacken und mit dem Zucker und den Korianderkörnern in den Mörser geben. Alles zu einer Currypaste zerreiben.

2. Den Reis in einem Sieb unter fließendem Wasser waschen, bis das ablaufende Wasser klar ist. Mit 640 ml Wasser, ca. ½ TL Salz und 2 Kaffir-Limettenblättern in einen Topf geben und zugedeckt bei mittlerer Hitze zum Köcheln bringen. Dann bei niedrigster Hitze in 12–15 Min. gar quellen lassen.

3. Inzwischen die Auberginen waschen und putzen. Kleine Thai-Auberginen beiseitestellen, alle übrigen Auberginen in mundgerechte Stücke schneiden. Einen Wok auf mittlerer Stufe erhitzen und die Cashewkerne darin rösten, herausnehmen und beiseitestellen. Die Hitze erhöhen, das Öl und die geschnittenen Auberginen in den Wok geben und unter Rühren rundum kräftig anbraten. Die Currypaste hinzufügen und kurz mitbraten. Nach Belieben die Fischsauce unterrühren. Mit Salz würzen. Kokosmilch, restliche Limettenblätter und die kleinen Thai-Auberginen hinzufügen. Offen ca. 10 Min. köcheln.

4. Die Limette waschen, trocken reiben und halbieren. Von einer Hälfte die Schale abreiben und den Saft auspressen, die andere Hälfte in Spalten schneiden. Das Basilikum waschen und trocken schütteln, die Blätter abzupfen und in feine Streifen schneiden.

5. Das Curry mit Limettenschale und -saft sowie eventuell etwas Salz abschmecken. Mit Basilikum, gehacktem Koriandergrün und Cashewkernen auf Tellern anrichten. Mit Reis und Limettenspalten servieren.

PERSONEN	ZUBEREITUNG	GARZEIT	BACKZEIT
4	50 MIN.	1 STD. 25 MIN.	30 MIN.

Moussaka mit Lammfleisch

Umami in mediterraner Würzumgebung

LAMMSAUCE:
2 Schalotten
2 Knoblauchzehen
600 g Tomaten
2 EL Olivenöl
600 g Lammhackfleisch
Meersalz
1 TL Zimtpulver | 1 TL Zucker
schwarzer Pfeffer
(frisch gemahlen)
500 ml Gemüsebrühe
2 Zweige Oregano
1 Lorbeerblatt

GEMÜSE:
400 g vorwiegend festkochende Kartoffeln (z. B. Agria, Laura)
800 g Auberginen
Meersalz | 4 EL Olivenöl
2 Knoblauchzehen
1 Brötchen vom Vortag

BÉCHAMELSAUCE:
75 g Butter | 50 g Mehl
500 ml Vollmilch
Meersalz
schwarzer Pfeffer
(frisch gemahlen)
1 Lorbeerblatt
frisch geriebene Muskatnuss
50 g Parmesan | 2 Eier (M)

AUSSERDEM:
ofenfeste Form (ca. 30 × 20 cm)

1. Für die Lammsauce Schalotten und Knoblauch schälen und grob hacken. Tomaten waschen, vom Stielansatz befreien und in grobe Würfel schneiden. Das Olivenöl in einer großen Pfanne auf mittlerer bis hoher Stufe erhitzen, das Lammfleisch hineingeben, salzen und rundum kräftig bräunen. Zimt, Zucker und etwas Pfeffer unterrühren. Dann die Tomaten unterrühren. Oregano waschen. Blätter abzupfen, mit Brühe und Lorbeerblatt zur Fleischmischung geben. Alles offen in ca. 45 Min. zu einer sämigen Sauce köcheln.

2. Inzwischen für das Gemüse Backofen auf 180° Umluft vorheizen. Zwei Backbleche mit Backpapier auslegen. Die Kartoffeln gründlich waschen, die Auberginen waschen und putzen. Beides längs in ca. 1 cm dicke Scheiben schneiden. Die Auberginen auf ein Blech legen, kräftig salzen und 15 Min. Wasser ziehen lassen. Die Kartoffeln auf das zweite Blech legen, mit 2 EL Olivenöl beträufeln, mit Salz und Pfeffer würzen. Die Knoblauchzehen halbieren, dazulegen. Die Kartoffeln im Ofen (unten) ca. 25 Min. vorgaren. Die Auberginen trocken tupfen, mit 2 EL Olivenöl beträufeln und zusammen mit den Kartoffeln im Ofen (Mitte) in ca. 15 Min. bräunen. Die Ofentemperatur auf 160° Umluft reduzieren.

3. Während das Gemüse gart, für die Béchamelsauce die Butter in einem Topf bei mittlerer Hitze zerlassen. Das Mehl hinzufügen, unter Rühren ca. 1 Min. aufschäumen lassen. Die Milch nach und nach unter Rühren hinzufügen. Mit Salz, Pfeffer, Lorbeerblatt und Muskatnuss würzen. Die Sauce unter gelegentlichem Rühren ca. 5 Min. köcheln. Den Parmesan reiben. Den Topf vom Herd nehmen. Das Lorbeerblatt wieder aus der Sauce entfernen, den Parmesan und die Eier einrühren.

4. Den Boden der Form mit der Hälfte der Auberginen auslegen, ein Drittel der Lammsauce daraufgeben. Die Kartoffeln darüberlegen, die Hälfte der restlichen Lammsauce darauf verteilen. Restliche Auberginen darauflegen und mit der restlichen Lammsauce bedecken. Die Béchamel darübergießen. Das Brötchen mit einer Reibe darüberreiben. Im Ofen (Mitte) in ca. 30 Min. goldbraun backen.

GESCHMACKS-INSIGHT AUBERGINEN

Geschmack der großen, weiten Welt

GESCHMACKSKULTUR

Geschmack ist auch kulturell geprägt: von der Verfügbarkeit bestimmter Zutaten, den Küchentraditionen eines bestimmten Landes und den Essensvorlieben bzw. Abneigungen seiner Bewohner. Ein Segen für Deutschland: Aus Italien, der Türkei, Griechenland und Spanien gelangte in den Siebzigern neben der bis dato ebenfalls unbekannten Aubergine ein beträchtlicher Anteil fremder Geschmacksvorlieben nach Deutschland: das Anmachen und Garen mit Olivenöl, Tomaten als frisches Gemüse oder aromatische Sauce, das Würzen mit frischen Kräutern wie Basilikum, Rosmarin oder Thymian und vieles mehr, was die mediterrane Küche kennzeichnet. Diese gelungenen, idealen Geschmackskombinationen nutzen und genießen wir seither.

IN FREMDEN TÖPFEN

Wir profitieren von fremden Küchentraditionen, denn in ihnen steckt eine lang gewachsene Kenntnis um geschmackliche Zusammenhänge: würzige, südländische Kräuter, die die sanften Grundaromen der Aubergine heben, herb-fruchtiges Olivenöl, das Bitterkeit unterstreicht und Tomaten, die Umami, Süße und Säure ergänzen. Ähnlich gelungene Kombinationen lassen sich finden, wenn wir einen Blick in den kulinarischen Atlas werfen. Dabei schwärmen wir kurz vom rauchigen Levante-Klassiker »Baba Ghanoush« und entdecken dann, wie Auberginen in ihrem Ursprungsland Indien gegessen werden: etwa als »Baingan bharta«, ein mit umami-reichen Zwiebeln und Tomaten in Öl gegartes Püree, dem Koriander Frische und Chili Schärfe schenkt. Oder als sämiges Curry in säuerlicher Joghurtsauce, die Bitterkeit mildert. Hier erkennt man viele Grundmuster und Kombinationsmöglichkeiten, die sich auf eigene Kochgewohnheiten übertragen lassen. Keep trying!

Paprika

Bei Paprika denken wir sofort an Ungarn, und das zu Recht: Sowohl die milde Gemüsepaprika als auch Gewürzpaprikapulver von edelsüß bis rosenscharf verdanken wir den Magyaren. Und noch mehr: 1937 erhielt der Budapester Albert Szent-Györgyi den Nobelpreis für die Entdeckung von Ascorbinsäure – Vitamin C . Eher zufällig entdeckte er, dass Paprika eine große Menge des wichtigen Vitamins enthält, das vor der damals vor allem unter Seeleuten gefürchteten Krankheit Skorbut schützt.

»Capsicum annuum«, die Pflanzenart Paprika, stammt ursprünglich aus Süd- und Mittelamerika und umfasst sowohl milde Gemüsepaprika als auch scharfe Chilis. Die ersten, wohl eher scharfen Schoten brachte Kolumbus nach Spanien. Allerdings wurde der »spanische Pfeffer« in Europa dann lange nur wegen seiner hübschen Früchte in Herbarien und Ziergärten kultiviert – man misstraute seiner Schärfe und hielt sich lieber an Pfeffer.

ERST VIEL SPÄTER, ÜBER UMWEGE, fanden dann die Ungarn, zu denen die Pflanze gelangt war, Gefallen an dem neuen Gewürz, das sie »Paprika« nannten. Ihnen gelang es auch, den Schoten das für die Schärfe verantwortliche »Capsaicin« auszutreiben. Sowohl als Gemüse als auch zu mildem »Delikatess-«, leicht würzigem »edelsüßem« oder scharfem »Rosenpaprika« zermahlen gelangte Paprika von Ungarn erst in den 50er-Jahren nach Deutschland.

Gemüsepaprika gibt es in vielen Varietäten zu kaufen, z. B. als Spitz- oder Tomatenpaprika, vor allem aber in den gängigen, blockförmigen Sorten in Grün, Gelb und Rot (und zuweilen auch Orange, Lila und fast Schwarz). Bei allen handelt es sich botanisch gesehen um hohle Beerenfrüchte, die kaum mehr Schärfe aufweisen. Grün (manchmal auch Violett) bedeutet, dass die Früchte eigentlich noch unreif sind. Während des Reifeprozesses ändert sich dann sowohl die Farbe zu Gelb bis hin zu Orange und Rot, aber auch Aroma und Geschmack verändern sich.

Grüne Schoten schmecken deutlich bitterer als Schoten im späteren Reifestadium. Ihr breites, grünes Duftspektrum reicht von grasigen Blattaromen über stechend grüne, an unreife Tomaten oder Äpfel erinnernde Aromen bis hin zu grün-erdigen oder pfeffrigen Noten. Bei reiferen, gelben und roten Exemplaren nimmt der grüne Aromenbereich ab und macht eher fruchtigen, zitrusartigen und leicht schwefeligen Tönen Platz. Die Früchte enthalten dann auch wesentlich mehr Zucker und schmecken deutlich süßer. Dieser süße Eindruck verstärkt sich, da mit der Reife auch verschiedene Säuren zurückgehen. Auch die Glutaminsäure, die unreifen, grünen Paprikaschoten einen leichten Umami-Charakter verleiht, wird abgebaut. Völlig andere, spannende Noten entstehen dagegen beim scharfen Anbraten oder Grillen von Paprika, wenn sich rauchig-holzige und süßliche, honig- und gewürzartige Noten bilden. Die kommen auch in unseren drei Rezepten (s. S. 176–183) zum Tragen und lassen uns ein bisschen von Ungarn, Piroschka und Julischka träumen.

• REZEPT 1: KNUSPRIG UND CREMIG

Hier lohnt sich der extra-crunchy Geschmacksvergleich: bunte Paprika, die durch das kurze Schockerhitzen zwar ihren jeweils eigenen Aromacharakter erhalten, aber zusätzlich röstig-süßliche Noten und knusprige Textur dazubekommen. Die Mayonnaise bietet das spannende Kontrastprogramm: kräutrig-frisch und trotzdem zungenschmeichelnd cremig ganz ohne Ei – wie es funktioniert, erklärt ein Insight (s. S. 178).

• REZEPT 2: PULVRIG

Nicht nur die Ungarn verpulvern ihre Paprika: Wir zeigen, wie man das rassige Pulver einsetzen kann, am besten mit rauchiger Note, wie vom über Buchenholz geräucherten spanischen Pimentón de la Vera bekannt. Dieser passt, wie bei unserer Variante des »Pulpo a la Gallega«, perfekt zu den mineralischen Noten des Oktopusses und auch zu den grasig-fettigen, leicht schwefeligen Noten der Kartoffel.

• REZEPT 3: BALKANSTYLE

Um den Titel als Herkunftsland der leuchtend roten Paprikapaste Ajvar streiten sich Mazedonien, Serbien, Kroatien und andere Balkanstaaten. Die Ungarn halten sich heraus – vielleicht wohlwissend, dass das Mus aus gegrillten Paprikaschoten wohl eher eine Erfindung der lange im Balkan herrschenden Türken war. Geschenkt, Ajvar schmeckt so oder so herrlich: Durch das langsame Rösten entwickeln die Paprika neben rauchig-verbrannten und süßlichen, gewürz- und vanilleartigen Noten vor allem reichlich karamellig-röstige Süße. Ersetzt man einen Teil der roten durch grüne Paprika, wird der Geschmack würziger und auch durch den Knoblauch verstärkt umami-haltiger, bei einer Mischung mit gelben Schoten dagegen milder und weniger süßlich.

PERSONEN
4

ZUBEREITUNG
40 MIN.

Ausgebackene Paprikaringe mit Gemüse-Mayonnaise

herb-süß und fruchtig

2 gelbe Paprika
2 rote Paprika
2 grüne Paprika
1 Knoblauchzehe
1 Tomate
4 Stängel Basilikum
1 Handvoll Baby-Blattspinat
(oder glatte Petersilie)
Meersalz
150 ml Olivenöl
150 ml Sonnenblumenöl
200 g Maismehl
(oder Weizenmehl)
½ TL edelsüßes Paprikapulver
3 Eier (M; oder für eine vegane Version 150 ml Aquafaba)
200 g Polenta (Maisgrieß)
50 g Sesam
2 l Pflanzenöl zum Frittieren

1. Die Paprika waschen. Die Stielansätze mit den Daumen in die Schoten drücken. Deckel abschneiden und beiseitelegen. Die Stielansätze entsorgen und mit dem Messer die Häutchen und Kerne aus den Schoten lösen. Die Paprika in ca. 1 cm breite Ringe schneiden, dabei die unteren Spitzen beiseitelegen.

2. Den Knoblauch schälen und grob hacken. Die Tomate waschen, vom Stielansatz befreien und in grobe Würfel schneiden. Das Basilikum waschen und trocken schütteln. Den Spinat verlesen, waschen und trocken schütteln. Für die Garnitur einige große Basilikumblätter abzupfen und beiseitelegen, das restliche Basilikum mitsamt Stielen und dem Spinat grob hacken. Die Paprikadeckel und -spitzen grob würfeln und zusammen mit Knoblauch, Tomate und 1 großen Prise Salz in einem hohen Rührbecher mit dem Pürierstab oder im Standmixer glatt pürieren. Dabei nach und nach beide Ölsorten in einem dünnen Strahl hineinlaufen lassen, sodass eine cremige Konsistenz entsteht (Pickering Emulsion, Insight s. S. 178).

3. Das Maismehl auf einem flachen Teller mit 1 großen Prise Salz und dem Paprikapulver würzen. Die Eier in einem hohen Rührbecher mit dem Pürierstab verquirlen und in einen tiefen Teller geben. Die Polenta und den Sesam auf einem flachen Teller mischen. Das Frittieröl in einem Topf oder einer Pfanne auf ca. 200° erhitzen – es ist heiß genug, wenn an einem hineingehaltenen Holzkochlöffelstiel schnell kleine Bläschen aufsteigen.

4. Die Hälfte der Paprikaringe nach und nach im Maismehl wenden, dann durch das Ei ziehen und zum Schluss mit der Polentamischung umhüllen. Die Ringe im heißen Öl in 3–4 Min. knusprig frittieren. Mit einem Schaumlöffel herausheben und auf Küchenpapier abtropfen lassen. Die übrigen Paprikaringe ebenso panieren und frittieren. Die Paprikaringe mit 1 Prise Meersalz würzen und mit dem Basilikum und der Gemüse-Mayonnaise servieren.

GESCHMACKS-INSIGHT PAPRIKA
Schmeckt grün, gelb, rot …

DIE PAPRIKAAMPEL
Die Farbe einer Paprika verändert sich im Verlauf ihrer Reife von Grün nach Rot. Grünes Chlorophyll bildet sich zurück, dafür nehmen gelb bzw. rot färbende Carotinoide zu. Daher bedeutet Grün für uns und andere mögliche Fraßfeinde »No«; Rot dagegen »Go – iss uns!«, damit die Samen weitergetragen werden. Bei Paprika gilt dieser Farbcode nur bedingt: Chilis, die »Ahnen« der Gemüsepaprika, schützen sich zusätzlich durch Capsaicin. Dieser für Schärfe verantwortliche Stoff nimmt beim Reifen sogar zu. Mensch und Tier lernten daher schnell, rote Chilis zu meiden. Dafür lockt ihre Signalfarbe umso wirksamer Vögel an, deren Verdauungssystem kein Problem mit Schärfe hat. Im Gegenteil: Die Samen werden unverdaut ausgeschieden – die ideale Voraussetzung für neue Pflanzen. Und obwohl Vögel die Farbstoffe nicht wie wir in für die Augen wertvolles Vitamin A umwandeln können, profitieren sie auch davon: Ihr Gefieder färbt sich, ganz nach der Devise: nicht besser sehen, sondern besser aussehen!

GEMÜSE-MAYONNAISE
Bei Mayonnaise müssen sich die beiden an sich nicht mischbaren Flüssigkeiten Wasser und Öl verbinden. Dafür braucht es einen Emulgator, der sowohl wasser- als auch fettlösliche Anteile besitzt. Dessen Moleküle docken sich an die nach und nach zugefügten Öltröpfchen. So wird verhindert, dass sich das Öl wieder vom wässrigen Teil trennen kann. Bei klassischer Mayonnaise übernimmt im Eigelb enthaltenes Lecithin diese Rolle. Es sorgt dafür, dass sich Öl und Wasser zu einer »Öl-in-Wasser-Emulsion« verbinden und die Mayonnaise fest wird. Ähnlich wirkt auch mit wenig Wasser püriertes Gemüse. Bei einer sogenannten »Pickering-Emulsion« (benannt nach ihrem amerikanischen Entdecker S. U. Pickering) dienen die winzigen Moleküle aus zerkleinerten Pflanzenfasern, Zellwänden und Proteinen als Emulgatoren, die sich zwischen Öltröpfchen und wässrigen Anteil setzen. Das Ergebnis: ein äußerst festes Gemüsepüree – Gemüse-Mayonnaise, die ganz ohne Ei auskommt.

Paprika harmoniert gut mit Obst, tolle Paare sind: grüne Paprika und Stachelbeere, rote Paprika und Erdbeere, gelbe Paprika und Aprikose. Jeweils zusammen pürieren, probieren und entweder fruchtig-süß (mit Honig und Zitronensaft) oder herzhaft (mit Salz, Pfeffer und Olivenöl) abschmecken. Das Püree ist spannende Basis für fruchtig-würzige Cocktails, mit Gurke und Tomate püriert wird's leckere Gazpacho.

PERSONEN 4 | *ZUBEREITUNG* 1 STD. | *GARZEIT* 40 MIN.

Pulpo mit Kartoffeln und Pimentón

süß-mineralisch mit rauchiger und erdiger Note

600 g dünnschalige festkochende Kartoffeln (z. B. Agata)
2 Knoblauchzehen
2 Schalotten
1 Pulpo (ca. 1,2 kg)
150 ml Olivenöl
200 ml Rotwein
10 schwarze Pfefferkörner
2 Lorbeerblätter
300 g Pimientos de Padrón
ca. 2 TL geräuchertes Paprikapulver (Pimentón de la Vera)
Meersalz

1. Die Kartoffeln gründlich waschen. Den Knoblauch und die Schalotten schälen und grob hacken. Den Pulpo waschen.

2. Einen großen Topf auf mittlerer Stufe erhitzen, 50 ml Olivenöl hineingeben und den Knoblauch mit den Schalotten darin bei mittlerer Hitze anschwitzen. Mit dem Rotwein ablöschen. 1 l Wasser, Pulpo, Kartoffeln, Pfefferkörner und Lorbeerblatt hinzufügen und den Deckel auflegen. Die Hitze so einstellen, dass der Sud nach wenigen Minuten schwach köchelt und im Topf Dampf entsteht. Alles ca. 40 Min. garen. Dann mit einem kleinen, spitzen Messer prüfen, ob der Pulpo und die Kartoffeln zart sind. Ist nur eines von beidem schon gar, dieses schon aus dem Sud nehmen und den Rest noch weitergaren.

3. Die Pimientos de Padrón waschen und gut abtropfen lassen. Eine Pfanne auf hoher Stufe erhitzen. 50 ml Olivenöl hineingeben und die Pimientos darin schwenken, bis sie bräunen und schrumpelig zusammenfallen. Salzen.

4. Die Beine vom Kopf des Pulpos schneiden. Die fleischigen Teile des Kopfes in Streifen schneiden, den Rest entsorgen. Falls gewünscht, die Saugnäpfe und Häutchen vom Pulpo reiben. Den Pulpo mit den Kartoffeln und den Pimientos auf einen Teller geben. Mit dem restlichen Olivenöl (50 ml) beträufeln und mit geräuchertem Paprikapulver und 1 Prise Meersalz servieren.

TIPP: *Für geräuchertes Paprikapulver 2 kg rote Paprikaschoten (am besten eine dünnfleischige spanische Sorte wie Ocales oder Jaranda) waschen, trocken reiben und in einem Smoker mit 10 g Räucherspänen (z. B. Kirsche oder Buche) 2 Std. räuchern. Dann in einem Dörrapparat nach Geräteanleitung oder auf einem Gitter im Backofen bei 80 °C ca. 24 Std. trocknen. Übrigens: Der Sud des Pulpos ist die perfekte Basis für Seafood Rice, Paella oder Risotto!*

PERSONEN *4* | *ZUBEREITUNG* *30 MIN.* | *GRILLZEIT* *30 MIN.*

Ajvar mit Hüftsteaks und Joghurt

rauchige Marriage und Umami-Booster

ca. 1 kg Paprika
2 Auberginen (ca. 400 g)
2 Knoblauchzehen
Meersalz
100 ml Olivenöl
8 dünne Rinderhüftsteaks (à ca. 90 g)
schwarzer Pfeffer (frisch gemahlen)
1 kleines Bund glatte Petersilie
250 g griechischer Joghurt (10 % Fett)

1. Den Holzkohlegrill anheizen und zu einer intensiven Glut bringen. Die Paprika und die Auberginen waschen, die Auberginen mit einem Messer mehrfach einstechen. Das Gemüse grillen, bis es außen schwarz und innen weich wird. Bei den Auberginen dauert dies ca. 30 Min., die Paprika sind nach ca. 20 Min. fertig.

2. Das schwarz gegrillte Gemüse sofort in eine Schüssel geben und mit einem Deckel oder Frischhaltefolie abdecken, sodass sich die Hitze und die Feuchtigkeit staut. Etwas abkühlen lassen. Dann die Haut abziehen und die Stielansätze entfernen, aus den Paprika die Kerne entfernen. Das Fruchtfleisch in eine Schüssel geben.

3. Die Knoblauchzehen schälen und hacken. Mit 1 großen Prise Salz und 80 ml Olivenöl zum Gemüse in die Schüssel geben und alles mit einer Gabel zu feinem Mus zerdrücken.

4. Die Rinderhüftsteaks mit dem restlichen Olivenöl (20 ml) einreiben und mit Salz und Pfeffer würzen. Auf jeder Seite je 2–3 Min. grillen. Die Petersilie waschen, trocken schütteln und grob hacken. Das Fleisch mit dem Joghurt, dem Ajvar und der gehackten Petersilie anrichten.

TIPP: *Klassisch wird Ajvar mit roten Paprika zubereitet. Mischt man diese mit grünen, bekommt das Gericht mehr Würze. Verwendest du hingegen teilweise gelbe Paprika, kommt mehr Süße und eine Karamellnote ins Spiel. Wer es scharf mag, fügt noch ein paar Chilischoten hinzu.*

Spargel

Kaum ist der Lenz gekommen, ist Spargel Gesprächsthema: Die Medien berichten über den Spargelanstich, loben seine gesundheitlichen Vorzüge und überschlagen sich mit Tipps zum Umgang mit dem Gemüse. Uns interessieren vielmehr seine ganz eigenen, durchaus gewöhnungsbedürftigen Aromen. Rechtfertigen sie den Hype um das Gemüse? Oder ist es aufgrund der kurzen Saison schlicht das »Prinzip der Verknappung«, das uns Spargel so kostbar scheinen lässt?

Heute bekommt man Spargel auch im Winter – aus Peru oder China, wo inzwischen weltweit der meiste angebaut wird. In hiesigen Breiten, der Heimat des Spargelgenusses, muss man sich bis Mitte April gedulden, dann aber beeilen: am Johannitag, am 24. Juni, ist Schluss mit Spargelstechen. Nur so hat die Pflanze genügend Zeit, sich zu einem grünen Busch zu entwickeln, Kraft zu sammeln und im nächsten Jahr wieder neue Sprossen zu bilden.

DENN UM NICHTS ANDERES als um den durch angehäufte Erdwälle vor Licht geschützten Sprössling handelt es sich bei weißem Spargel, der sich natürlich, ohne diesen Wall, zu grünem Spargel entwickeln würde. Lässt man den Spargel letztlich zu Johanni sprießen, verwandelt er sich in einen grünen Busch mit fedrigen Trieben. Diese erinnern uns an die Verwandtschaft zum Zierspargel, dessen Grün wir in vielen Blumenbouquets bewundern dürfen.

Egal ob weiß oder grün – erntefrischer Spargel lässt sich an der glatten, leicht glänzenden Haut erkennen. Weißer Spargel »quietscht« überdies, wenn man die prall mit Wasser gefüllten Stangen aneinanderreibt. Neben diesen äußerlichen Indizien lässt sich frischer Spargel an seinem Geruch erkennen: eher grasig, an grünes Gemüse erinnernd, bei grünem Spargel noch ausgeprägter an frische Erbse. Riecht Spargel säuerlich, ist er schlicht zu alt.

Erst beim Garen entfaltet Spargel seine komplette Aromenbandbreite, die von immerhin 35 Substanzen geprägt wird und ihn so heiß begehrt macht: allen voran die charakteristischen schwefeligen Aromen Dimethylsulfid und Methional, die sich auch in gegartem Lauch oder Zwiebeln finden und die wir dort als typisch »spargelig« benennen. Sie mischen sich auf unwiderstehliche Weise mit fetten, nussig-buttrigen Aromen. Dahinter verschwinden die grün-würzigen Noten, die bei grünem Spargel auch gegart noch klarer im Vordergrund stehen.

Am sich zwischen leicht süßlich und mehr oder weniger ausgeprägt bitter bewegenden Geschmack von Spargel scheiden sich oft die Geister. Einigkeit herrscht dann wieder beim üppigen Umami-Faktor, den die nach dem Gemüse benannte Asparaginsäure (lat. Spargel = »asparagus«) beisteuert (s. S. 192/193). Unsere vier Rezepte (s. S. 188–199) geben Einblick in die ganze Aromenwelt des edlen Gemüses.

• REZEPT 1: ROH UND PERFEKT ERGÄNZT

Roher Spargel ist zwar weniger aromatisch als gekochter Spargel, dafür kommen seine grünen, erdig-mineralischen Noten klarer zum Tragen – vor allem, wenn sie durch Kleinschneiden optimal freigesetzt werden. Der an sich süßlich-bittere Geschmack wird durch Honig verstärkt und durch die Säure der Zitrone ergänzt und unterstrichen. Parmesan erhöht den spargeleigenen Umami-Geschmack und Öl sorgt für zusätzlich rundes Mundgefühl. Als saisonal passende Frischefaktoren kommen Kerbel und Petersilie dazu.

• REZEPT 2: HOCHAROMATISCH UND RUND

Hier gibt es kaum etwas zu sagen, außer: perfekt. Ganz schlicht, mit wenigen Zutaten, die nichts verdecken, sondern vielmehr mit ein paar kleinen Tricks alle Aromen zur vollen Entfaltung bringen (s. S. 196/197).

• REZEPT 3: SAFTIG UND KNUSPRIG

Hier sorgt ein bisschen Verständnis für das besondere Wesen des Spargels für spannende Texturerlebnisse: Große Hitze beim Frittieren macht die Teighülle knusprig und lässt den Spargel innen durch sein reichlich enthaltenes Wasser quasi im eigenen Saft garen. Haselnüsse im Teig unterstreichen genau wie die mit Nussbutter versetzte Mayonnaise seine nussig-buttrigen Aromen, die durch die zarte Säure der Orange ausbalanciert und gerundet werden.

• REZEPT 4: NEW STYLE

Kein Retro-(Dosen-)Spargel in gekochtem Schinken, sondern eine weitere Variation des Themas »Schmoren im eigenen Saft« (s. S. 196/197). Hier mischen sich die Garflüssigkeiten von Spargel und Salat und bringen die grün-fruchtigen, aber auch erstaunlich nussigen Aromen beider Gemüse zum Tragen. Genau wie ihren bitteren Geschmack, der allerdings durch Sahne gemildert wird. Darum können die Röllchen auch gut herben, luftgetrockneten Schinken mit reichlich Umami vertragen.

PERSONEN
4

ZUBEREITUNG
20 MIN.

Bunter Spargelsalat mit Zitrone und Parmesan

pur und entspannt balanciert

250 g weißer Spargel
250 g violetter Spargel
(ersatzweise weißer Spargel)
250 g grüner Spargel
1 Bio-Zitrone
1 kleines Bund glatte Petersilie
1 kleines Bund Kerbel
3 EL Olivenöl
3 EL Öl
1 EL milder Honig
(z. B. Lindenblütenhonig)
Meersalz
schwarzer Pfeffer
(frisch gemahlen)
120 g Parmesan

1. Alle Spargelsorten waschen und die holzigen Enden abschneiden. Den grünen Spargel im unteren Drittel schälen, den violetten in den unteren zwei Dritteln und den weißen bis auf die Spitzen ganz schälen. Alle Sorten diagonal in ca. 2 mm dünne Scheiben schneiden.

2. Die Zitrone waschen und trocken reiben. Die Schale abreiben. Die Zitrone halbieren und den Saft auspressen. Die Petersilie und den Kerbel waschen und trocken schütteln, die Blätter abzupfen. Die Kräuterblätter grob hacken. Die Stiele der Kräuter fein hacken und mit beiden Ölsorten, Honig, Zitronenschale und -saft und je 1 Prise Salz und Pfeffer zu einem Dressing verrühren.

3. Die Spargelscheiben mit dem Dressing vermengen, zum Schluss die Kräuterblätter untermischen. Den Salat auf vier Teller verteilen und den Parmesan darüberhobeln. Dazu passt geröstetes Ciabatta.

TIPP: *Bei der Schnittform kann experimentiert werden – die Geschmackswahrnehmung wird dadurch mit beeinflusst! Variiere z. B. mit der Scheibendicke und dem Schnittwinkel oder schneide den Spargel komplett mit dem Sparschäler in dünne lange Späne.*

PERSONEN
4

ZUBEREITUNG
45 MIN.

Spargel im Haselnussteig mit Orangen-Butter-Mayo

knusprig, nussig, sinnlich

MAYONNAISE:
80 g Butter
80 ml Öl
1 Bio-Orange
1 kleines Bund Estragon
1 sehr frisches Eigelb (M)
Meersalz
1 Msp. mittelscharfer, feiner Senf

SPARGEL:
800 g Spargel (nach Belieben weiß, grün oder violett)
1 l Pflanzenöl zum Frittieren
250 g Mehl
Meersalz
1 Msp. Backpulver
grüner Pfeffer (frisch gemahlen)
100 g gehackte Haselnusskerne
350 ml Sekt (ersatzweise Weißwein)
1 Ei (M)
1 Eiweiß (M)

1. Für die Mayonnaise die Butter in einem kleinen Topf erhitzen, bis sie leicht braun wird. Durch ein feines Sieb in eine Schüssel gießen und das Öl unterrühren. Auf Zimmertemperatur abkühlen lassen. Die Orange waschen und halbieren. Eine Hälfte in acht Spalten schneiden und diese beiseitestellen. Von der anderen Orangenhälfte die Schale abreiben und den Saft auspressen. Den Estragon waschen und trocken schütteln, die Blätter von den Stielen zupfen und grob hacken.

2. Eigelb, Orangenschale, 2 EL Orangensaft, 1 Prise Meersalz und den Senf in einen hohen Rührbecher geben und alles kurz mit dem Pürierstab durchmixen. Die Butter-Öl-Mischung nach und nach in dünnem Strahl unter weiterem Mixen einlaufen lassen und weitermixen, bis eine kompakte Mayonnaise entstanden ist. Die Hälfte des Estragons hinzufügen und nur kurz untermixen.

3. Für den Spargel im Haselnussteig den Spargel waschen und je nach Sorte schälen, die holzigen Enden abschneiden. Die Spargelstangen schräg in ca. 5 cm lange Stücke schneiden. Das Frittieröl in einem Topf, einem Wok oder einer Fritteuse auf 180° erhitzen. Das Öl ist heiß genug, wenn an einem hineingehaltenen Holzkochlöffelstiel kleine Bläschen aufsteigen. Das Mehl mit 1 großen Prise Salz mischen. Die Spargelstücke in der Mehlmischung wenden, bis sie rundum damit umhüllt sind. Das überschüssige Mehl mit Backpulver, 1 Prise Pfeffer, Haselnüssen, Sekt, Ei und Eiweiß in einer Schüssel zügig zu einem Teig verrühren.

4. Die Hälfte der Spargelstücke durch den Teig ziehen, herausheben, kurz abtropfen lassen und im heißen Öl in 3–5 Min. goldbraun und knusprig frittieren. Mit einem Schaumlöffel herausheben und auf Küchenpapier abtropfen lassen. Den restlichen Spargel ebenfalls durch den Teig ziehen und frittieren. Spargel auf vier Teller verteilen und mit dem restlichen Estragon bestreuen. Die Orangenspalten dazulegen, die Mayonnaise zum Dippen dazu servieren.

GESCHMACKS-INSIGHT SPARGEL

Der Stoff, aus dem das Spargelaroma ist

BESONDERS GESCHMACKVOLL

Geschmacklich changiert Spargel zwischen bitter und leicht süßlich. Für die Bitterkeit sind Glycoside und Saponine verantwortlich, die Spargel vor Fäulnis und Fraßfeinden schützen. Saponine enthalten darüber hinaus Zuckeranteile, die den süßen Geschmack der in Spargel bereits vorhandenen Zuckerarten verstärken. Diese je nach Sorte und Anbaugebiet variable Spanne scheidet Spargelliebhaber: Zu viele Bitterstoffe schrecken viele ab, sind zu wenig enthalten, empfinden andere Spargel als »fad«. Erst ein weiterer Inhaltsstoff von Spargel eint und sorgt dafür, dass wir die Stangen im Frühjahr kaum erwarten können: Asparaginsäure. Die auch in anderen Gemüsen (und im menschlichen Körper) vorkommende Aminosäure verleiht ihm genau jenen runden, vollen, unglaublich aromatischen Geschmack, den alle lieben. Asparaginsäure ist wie Glutaminsäure – wenn auch in geringerem Maß – für Umami verantwortlich.

GEFÄHRLICHER GESCHMACK?

Ein Blick ins Chemiebuch genügt: Asparaginsäure ist nicht nur Auslöser für Umami-Geschmack, sondern auch Grundlage für Acrylamid. Ein Stoff, der als krebserregend gilt und vor allem in Zusammenhang mit Frittiertem wie Chips, Pommes frites, aber auch Brot ins Gerede kam. Tatsächlich entsteht Acrylamid immer dann, wenn Lebensmittel, die viel Asparagin und gleichzeitig viel Zucker bzw. Stärke enthalten, hoch erhitzt werden. Bei längeren Garprozessen über 120° verbinden sich beide Stoffe in einem komplexen chemischen Prozess, es entsteht Acrylamid. Für gefährlich hohe Werte braucht es allerdings sowohl einen hohen Asparagin- als auch Glucose- bzw. Stärkeanteil, wie das z. B. in Kartoffeln der Fall ist. Bei geringem Zuckeranteil, wie in Spargel, fällt entsprechend wenig an. Daher sind Rezepte für ofengegarten oder frittierten Spargel auch garantiert kein Aufruf zum Selbstmord, sondern zum bewussten Genießen. Denn wie meist im Leben gilt hier: Die Dosis macht das Gift.

PERSONEN
4

ZUBEREITUNG
15 MIN.

GARZEIT
30 MIN.

Spargel »en Papillote«

pures Aroma durch Garen im eigenen Saft

2 kg weißer Spargel
½ Bio-Zitrone
125 g Butter
1 TL Meersalz
2 TL Zucker

AUSSERDEM:
4 Bögen Backpapier
(à ca. 40 × 30 cm)
Küchengarn

1. Den Backofen auf 180° vorheizen. Den Spargel waschen und schälen, die holzigen Enden abschneiden. Die Zitrone waschen, trocken reiben und in dünne Scheiben schneiden.

2. Die Backpapierbögen auf der Arbeitsfläche ausbreiten. Auf jeden Bogen je ein Viertel der Spargelstangen parallel zur langen Seite darauflegen. Die Butter in Flöckchen, Salz, Zucker und Zitronenscheiben auf den Spargelportionen verteilen. Die langen Seiten des Backpapiers über dem Spargel zusammenfassen und eng einrollen, bis man nah am Spargel ist. Nun die kurzen Enden des Backpapiers wie bei einem Bonbon mit dem Küchengarn sehr fest zusammenbinden (das geht am besten zu zweit).

3. Die Päckchen auf ein Backblech setzen und den Spargel im Ofen (Mitte) 20–30 Min. nach Belieben bissfest oder ganz weich garen. Die Spargelpäckchen auf Teller legen und geschlossen servieren – beim Öffnen am Tisch entströmt der Dampf mit dem duftenden Dimethylsulfit (s. S. 187).

TIPP: *Setzt man das Backblech direkt auf den Boden des Backofens, kann man durch die Maillard-Reaktion (s. S. 35) Röststoffe erzeugen, die besonders aromatisch sind.*

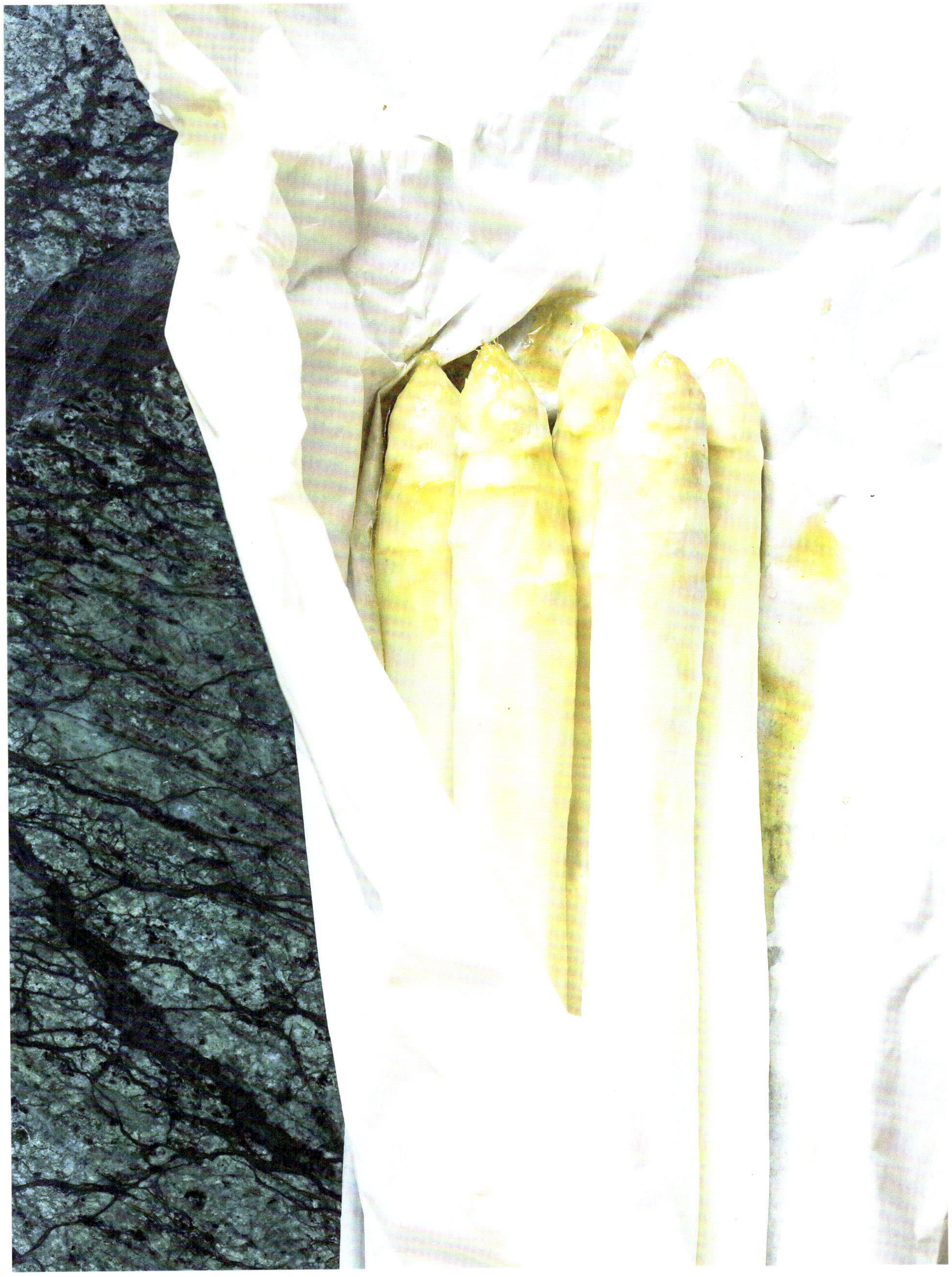

GESCHMACKS-INSIGHT SPARGEL
Die Aromen herauskitzeln

SCHMOREN LASSEN

Spargel wird meist einfach in Wasser gegart, mit einer Prise Salz und Zucker, eventuell noch einem Stückchen Butter, dessen Lactoseanteil den bitteren Eindruck des Gemüses überspielt. Das ist nicht verkehrt, schwemmt aber viele Aromen einfach aus. Wesentlich intensiver schmeckt Spargel, wenn man ihn im eigenen Saft schmoren lässt. Davon hat er nämlich mit rund 92 Prozent Wasseranteil reichlich. In unserem Rezept hilft Salz und Zucker, ihm einen bescheidenen Teil davon mittels osmotischen Drucks (s. S. 164) zu entziehen. Mit dem Wasser gelangen zusätzlich wasserlösliche Aromen nach außen und bilden im Zusammenspiel mit den übrigen Zutaten einen würzigen Garsud, dessen Dampf im schützenden Pergament zirkulieren kann. Ein wahres Aromen-Prachtpaket, bei dessen Öffnen einem sofort und geballt spargeltypischer Dimethylsulfidgeruch entgegenströmt.

BRÄUNEN LASSEN

Bedingt durch die hohe Ofenhitze und den Wasserverlust beginnt ab einem gewissen Zeitpunkt eine durch den zugegebenen und spargeleigenen Zucker angeregte Maillard-Reaktion (s. S. 35): Der Spargel bräunt leicht und entwickelt zusätzlich karamellig-nussige Noten – je nach Garzeitlänge und Position im Ofen mehr oder weniger intensiv. Das bringt viel intensives Aroma, bildet aber durch die im Spargel enthaltene Asparaginsäure Acrylamid (s. S. 192). Allerdings in so geringen Maßen, dass man sich den Genuss nicht vermiesen lassen sollte.

PERSONEN
4

ZUBEREITUNG
10 MIN.

BACKZEIT
30 MIN.

Spargel »re-rolled« auf Kopfsalat in Rahm gebacken

Kombi zarter und kräftiger Geschmacksnuancen

2 Kopfsalate
20 Stangen Spargel (nach Belieben weiß, grün oder violett)
250 g Sahne
Meersalz
schwarzer Pfeffer (frisch gemahlen)
20 Scheiben Serrano-Schinken (ersatzweise anderer luftgetrockneter Schinken)
80 g Butter

AUSSERDEM:
ofenfeste Form mit Deckel (ca. 30 × 20 cm)

1. Den Backofen auf 180° vorheizen. Vom Kopfsalat die äußeren Blätter und den Strunk entfernen. Die Salate waschen und in ca. 1,5 cm breite Streifen schneiden. Den Spargel waschen und je nach Sorte schälen, die holzigen Enden abschneiden.

2. Die Salatstreifen gleichmäßig in der Form verteilen und die Sahne darübergießen. Mit Salz und Pfeffer würzen. Je 1 Spargelstange diagonal in 1 Schinkenscheibe einwickeln, dabei jeweils ein Flöckchen Butter mit einwickeln.

3. Die eingewickelten Spargelstangen nebeneinander in das Salatbett drücken. Den Deckel auflegen (alternativ mit einem umgedrehten Backblech abdecken). Im Ofen (Mitte) ca. 20 Min. backen, dann den Deckel entfernen und den Spargel in ca. 10 Min. weich backen. Dazu passt geröstetes Sauerteigbrot.

TIPP: *Wer es wagt, spielt mit den Aromen: Die Sahne mit 1 Prise Muskatnuss, Kardamom, Anis, Vanille oder Tonkabohne würzen und bei den verschiedenen Varianten schmecken, wie die unterschiedlichen Noten im Spargel betont werden.*

Artischocke

Toll trieben es die antiken Götter, Spuren ihrer Eskapaden finden sich in der Mythologie allerorten. So soll Zeus die Nymphe Cynara aus Wut darüber, dass sie ihn abblitzen ließ, in eine Blume verwandelt haben: Sie wurde zur Artischockenblüte, einer stachelig-spröden Schönheit, ähnlich der Nymphe selbst. Mit deren Widerständigkeit haben Freunde lukullischer Freuden bis heute zu kämpfen. Wer sich der kapriziösen Blüte nähern will, braucht Geduld und Verständnis für ihr aromatisches Wesen.

Wer sich bei einer Artischocke Blatt für Blatt zum eigentlichen Highlight – dem Artischockenboden – durchkämpft, macht sich selten klar, was da auf dem Teller liegt. Denn bei Gemüseartischocken handelt es um nichts anderes als die Knospen eines seit alters im Mittelmeerraum kultivierten Distelgewächses. Und was dem Feinschmecker als gehobenes, kulinarisches Offizium dient, ist schlichter Abwehrmechanismus der Pflanze im Sinne der Arterhaltung.

BEREITS ZU WACHSTUMSBEGINN bilden Artischockenpflanzen ein Dickicht aus filzig behaarten Blättern um den Blütenansatz, aus dem sich erst im Folgejahr eine Knospe entwickelt. Die Knospe selbst schützt ihren zarten Blütenboden zusätzlich durch eine Schuppenkrone aus dickfleischigen, harten Hüllblättern, die bei wilden Formen oft mit Dornen behaftet sind. Das lästige »Heu«, das zum Essen achtlos vom Boden der Artischocke gekratzt wird, besteht dagegen aus nichts anderem als Blütenröhren, die sich dann bei voller Blüte wunderschön violett entfalten und Samen tragen.

Neben diesen äußeren Waffen steht der Artischocke aber noch eine viel wirksamere Aromakeule gegen Fraßfeinde jeder Art zur Verfügung: Vor allem in den Kelchblättern und Stielen stecken starke Bitterstoffe, die selbst in gekochtem Zustand zwar abgeschwächt, aber geschmacksprägend vorherrschen. Der zarte Artischockenboden ist weniger bitter und wandelt sich gegart zu einer süßlichen, vollmundigen, cremig-fett anmutenden Delikatesse. Sollte man also das ganze bittere Zeug darum herum einfach in Zeus'scher Brachialmanier entfernen und sich gleich über den Boden hermachen? Wir raten eher zu einem aromatisch abwechslungsreichen Vorspiel, bei dem man die Bitternoten der extravaganten Blüte sanft hervorkitzelt, mal leicht überdeckt oder sogar bewusst betont. Um aus Artischocken noch mehr ihrer durchaus vielschichtigen Aromen zu locken, gibt es viele Mittel und Wege, wie die vier Rezepte und das kleine Geschmacksexperiment zeigen (s. S. 204–213).

• REZEPT 1: GANZ GEGRILLT

Für alle, die nicht warten und geduldig »zuzeln« wollen, gibt es hier ganze, junge Artischocken – mit Blättern, Stumpf und Stiel. Dafür aber vorgegart und anschließend gegrillt. Dieser kleine Aufwand muss sein. Nur so entfalten sich die holzigen, nelkenartigen Noten des Gemüses voll und können sich anschließend aufs Beste mit den typischen Rauchnoten beim Grillen verbinden. Too hot? Dafür gibt's einen kühlenden Trigeminusreiz durch frische Minze im Pesto!

• REZEPT 2: FAST KLASSISCH

Artischocke mit Dip ist der Klassiker: die einzelnen Blätter werden abgezupft, in säuerliche (Zitronen-)Mayonnaise oder Vinaigrette getaucht und »ausgelutscht«. Darin zeigt sich bereits die ideale Kombination von sauer und bitter. Diese geschmackliche Grundidee variieren wir: Die Vinaigrette wird mit Kerbel um eine frische, grüne, anisige Note ergänzt, die fein und dezent mit den grünen Noten der Artischocke harmoniert. Statt intensiver Zitronensäure steuert in unserem cremigen Dip Tomate sanfte Säure bei – eine milde, mediterran angehauchte Aromengrundlage für den trigeminalen Chili-Schärfekick obendrauf! Dass Artischocken auch ganz anders können, beweist der Pilzdip: Durch Rösten verstärken sich die erdig-würzigen Noten der Pilze und doppeln sich mit den in der Artischocke vorhandenen pilzig-dunklen Aromen.

• REZEPT 3: PERFECT MATCH

Die zusammen mit jungen Artischocken eingesetzten Zutaten unterstreichen nicht nur deren mediterrane Herkunft, sondern machen das Gericht geschmacklich richtig rund: Orange sorgt für sonnige, säuerliche Süße, Parmesan bringt Umami ins Spiel. Oliven und Olivenöl liefern nicht nur eine schöne Säurenote, sondern verdichten zusammen mit Kartoffeln und Artischocken den Eindruck grüner, erdiger Noten.

• REZEPT 4: A LA NONNA

Diese bodenständige, italienische Zubereitungsart einer Artischocke im Ganzen hat ihre aromatischen Reize – wenn auch einmal die etwas »unfeineren«, kräftigen Aromen des Edelgemüses herausgestellt werden: Gut gewürzter Tomatensugo bildet die geschmacksergänzende Grundlage aus säuerlich, süß und umami (durch den Parmesan verstärkt) zu bitteren Artischocken. Deren fettig-wachsige Aromen werden durch die fette Wurst betont und mit Schalotten und Knoblauch in der Sauce kommen auch leicht schwefelige Noten zum Tragen – bester und leckerster Beweis: Artischocke schmeckt auch deftig!

PERSONEN *4* · *ZUBEREITUNG* *30 MIN.* · *KOCHZEIT* *15 MIN.*

Gegrillte Artischocken mit Petersilien-Minze-Pesto

heiß und röstig, mit kühlender Begleitung

ARTISCHOCKEN:
1 Bio-Zitrone
6 junge, zarte Artischocken
Meersalz
3 EL Olivenöl
schwarzer Pfeffer
(frisch gemahlen)

PESTO:
2 Knoblauchzehen
100 ml Olivenöl
50 g gehackte Mandeln
1 kleines Bund Petersilie
1 kleines Bund Minze
schwarzer Pfeffer
(frisch gemahlen)

1. Für die Artischocken die Zitrone waschen und trocken reiben, etwas Schale abreiben und für das Pesto beiseitestellen. Die Zitrone halbieren. Eine Zitronenhälfte in Scheiben schneiden, aus der anderen Hälfte den Saft auspressen.

2. In einem großen Topf reichlich Wasser zum Kochen bringen. Die Artischocken waschen, die ledrigen äußeren Blätter entfernen. Die Artischocken mit den Zitronenscheiben und 1 großen Prise Salz in das kochende Wasser geben und in ca. 15 Min. weich kochen. Mit einem Schaumlöffel herausheben, kurz abtropfen lassen und jeweils der Länge nach halbieren. Die Artischockenhälften mit dem Zitronensaft, Olivenöl, etwas Salz und Pfeffer vermengen. Den Holzkohlegrill anheizen oder den Grill im Backofen auf 220° einschalten.

3. Inzwischen für das Pesto den Knoblauch schälen und grob hacken. Das Olivenöl in einer kleinen Pfanne erhitzen und den Knoblauch mit den Mandeln und 1 großen Prise Salz bei mittlerer Hitze in ca. 5 Min. bräunen. Von der Herdplatte nehmen und abkühlen lassen.

4. Die Petersilie und die Minze waschen und trocken schütteln, die Blätter abzupfen und grob hacken. Mit der abgekühlten Mandelmischung, der beiseitegestellten Zitronenschale und 1 Prise schwarzem Pfeffer mit dem Pürierstab oder im Mörser fein zerkleinern.

5. Für das Grillen auf dem Holzkohlegrill die Artischocken direkt auf den Grill geben und von beiden Seiten jeweils 2–3 Min. grillen. Für das Grillen im Backofen die Artischocken in eine ofenfeste Form geben, im Ofen (Mitte) unter Beobachtung 2–3 Min. grillen, dann wenden und weitere 2–3 Min. grillen. Die Artischocken mit dem Pesto servieren.

PERSONEN *4* *ZUBEREITUNG* *40 MIN.* *GARZEIT* *45 MIN.*

Gekochte Artischocke mit Dips und Vinaigrette

leicht bittere Note, ergänzt von pikanten Dip-Aromen

PILZDIP:
200 g gemischte Pilze (z. B. Austernpilze, Shiitake, Kräuterseitlinge, Champignons)
1 Knoblauchzehe
2 Zweige Thymian
30 g Butter | Meersalz
schwarzer Pfeffer (frisch gemahlen)
½ Bio-Zitrone | 60 g Parmesan
ofenfeste Form (ca. 30 × 20 cm)

TOMATENDIP:
100 g mehligkochende Kartoffel
1 kleine Tomate
2 Knoblauchzehen
2 Stängel Basilikum
½ rote Chilischote | Meersalz
6 EL Öl | 6 EL Olivenöl

VINAIGRETTE:
1 Schalotte | 4 Stängel Kerbel
6 EL Olivenöl
1 EL Aceto balsamico bianco
1 TL Honig | Meersalz
schwarzer Pfeffer (frisch gemahlen)

ARTISCHOCKE:
½ Bio-Zitrone
4 große Artischocken | Meersalz
Küchengarn

1. Für den Pilzdip Backofen auf 200° vorheizen. Pilze putzen, bei Bedarf mit einem Tuch abreiben. Mit den Händen in kleine Stücke zupfen, in eine ofenfeste Form geben. Knoblauch schälen, halbieren und hinzufügen. Thymian waschen, trocken tupfen und hinzufügen. Butter in Flöckchen daraufgeben. Mit Salz und Pfeffer würzen. Im Ofen (Mitte) ca. 15 Min. rösten. Herausnehmen, Thymian entfernen. Abkühlen lassen. Zitrone waschen und trocken reiben, Schale abreiben und Saft auspressen. Parmesan fein reiben. Pilze mit Zitronenschale, -saft und Parmesan fein pürieren. Dip mit Salz und Pfeffer abschmecken. Sollte er zu fest sein, 1–2 EL warmes Wasser untermixen.

2. Für den Tomatendip Kartoffel schälen, vierteln, in Salzwasser gar kochen, abgießen und ausdampfen lassen. Tomate waschen, vom Stielansatz befreien, grob zerkleinern. Kartoffel zerdrücken. Knoblauch schälen. Basilikum waschen, trocken schütteln, mit Stielen grob hacken. Chilischote waschen, Stielansatz entfernen. Vorbereitete Zutaten mit 1 großen Prise Salz in einem hohen Rührbecher kurz mit dem Pürierstab mixen. Beide Ölsorten verrühren und unter weiterem Mixen in einem dünnen Strahl einlaufen lassen.

3. Für die Vinaigrette Schalotte schälen, fein hacken. Kerbel waschen, trocken schütteln und mitsamt Stielen fein hacken. Schalotte und Kerbel mit Olivenöl, Balsamico und Honig kräftig verrühren. Mit Salz und Pfeffer abschmecken.

4. Für die Artischocken in einem großen Topf reichlich Wasser zum Kochen bringen. Zitrone waschen, in vier Scheiben schneiden. Artischocken waschen. Stiele, Spitzen und ledrige äußere Blätter abschneiden. Auf der Schnittfläche jeder Artischockenspitze je 1 Zitronenscheibe mit Küchengarn festbinden. Artischocken mit 1 großen Prise Salz im kochenden Wasser 20–30 Min. garen – sie sind gar, wenn sich die Blätter leicht herausziehen lassen. Herausnehmen, abtropfen lassen und auf Teller verteilen. Dips und Vinaigrette dazu reichen. Die Blätter herauszupfen, dippen und das Fruchtfleisch abzuzeln. Am Ende das Heu entfernen, den Artischockenboden mit den Dips essen.

GESCHMACKS-INSIGHT ARTISCHOCKE
Die Bitterstoffe in den Griff bekommen

Geschmacksexperiment: Schäle den Stiel einer Artischocke, schneide ein Stück ab und iss es so. Reibe den Rest des Stiels mit einer Zitronenhälfte ab und beiße hinein – was schmeckst du? Einfach bitter oder Spargel?

GEFÜHLT BITTER

(Rohe) Artischocken sind in erster Linie bitter. Und zwar so, dass man es schmecken und sogar spüren kann. Verantwortlich für die direkt auf den Geschmacksrezeptoren der Zunge wahrgenommene Bitterkeit ist der Stoff Cynarin. Er regt Leber und Galle an und ist daher Bestandteil vieler Magenbitterliköre, wie z. B. des italienischen Digestifs Cynar. Neben der direkten Geschmackswahrnehmung durch Cynarin kommt es aber zu einer zusätzlichen physikalischen Empfindung, die unser Sensorium als »bitter« einordnet. Sie wird durch verschiedene in der Artischocke enthaltene Phenole ausgelöst. Diese reagieren mit unserem Speichel, verändern dessen Flüssigkeitsstruktur und führen so zu jenem trockenen, rauen Gefühl auf der Zunge, das wir als »bitter« empfinden.

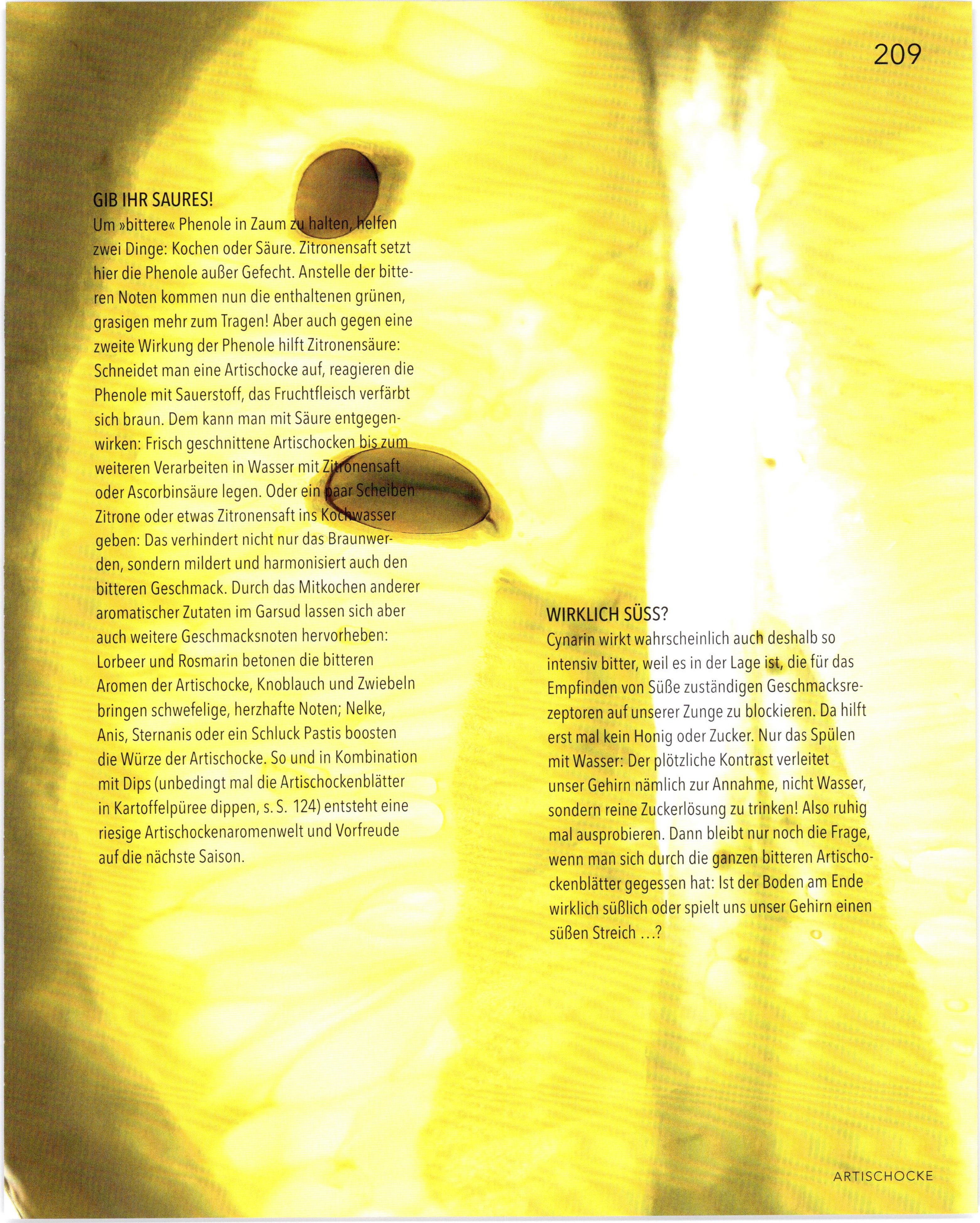

GIB IHR SAURES!

Um »bittere« Phenole in Zaum zu halten, helfen zwei Dinge: Kochen oder Säure. Zitronensaft setzt hier die Phenole außer Gefecht. Anstelle der bitteren Noten kommen nun die enthaltenen grünen, grasigen mehr zum Tragen! Aber auch gegen eine zweite Wirkung der Phenole hilft Zitronensäure: Schneidet man eine Artischocke auf, reagieren die Phenole mit Sauerstoff, das Fruchtfleisch verfärbt sich braun. Dem kann man mit Säure entgegenwirken: Frisch geschnittene Artischocken bis zum weiteren Verarbeiten in Wasser mit Zitronensaft oder Ascorbinsäure legen. Oder ein paar Scheiben Zitrone oder etwas Zitronensaft ins Kochwasser geben: Das verhindert nicht nur das Braunwerden, sondern mildert und harmonisiert auch den bitteren Geschmack. Durch das Mitkochen anderer aromatischer Zutaten im Garsud lassen sich aber auch weitere Geschmacksnoten hervorheben: Lorbeer und Rosmarin betonen die bitteren Aromen der Artischocke, Knoblauch und Zwiebeln bringen schwefelige, herzhafte Noten; Nelke, Anis, Sternanis oder ein Schluck Pastis boosten die Würze der Artischocke. So und in Kombination mit Dips (unbedingt mal die Artischockenblätter in Kartoffelpüree dippen, s. S. 124) entsteht eine riesige Artischockenaromenwelt und Vorfreude auf die nächste Saison.

WIRKLICH SÜSS?

Cynarin wirkt wahrscheinlich auch deshalb so intensiv bitter, weil es in der Lage ist, die für das Empfinden von Süße zuständigen Geschmacksrezeptoren auf unserer Zunge zu blockieren. Da hilft erst mal kein Honig oder Zucker. Nur das Spülen mit Wasser: Der plötzliche Kontrast verleitet unser Gehirn nämlich zur Annahme, nicht Wasser, sondern reine Zuckerlösung zu trinken! Also ruhig mal ausprobieren. Dann bleibt nur noch die Frage, wenn man sich durch die ganzen bitteren Artischockenblätter gegessen hat: Ist der Boden am Ende wirklich süßlich oder spielt uns unser Gehirn einen süßen Streich …?

PERSONEN *4* · *ZUBEREITUNG* *15 MIN.* · *GARZEIT* *50 MIN.*

Artischocken mit Kartoffeln und Oliven aus dem Ofen

Perfect Match: bitter, wohlig, erdig

1 Bio-Orange
6 EL Olivenöl
Meersalz
schwarzer Pfeffer (frisch gemahlen)
1 kleines Bund glatte Petersilie
100 g Oliven (entsteint; Farbe und Sorte nach Belieben)
8 junge, zarte Artischocken
½ junge Knoblauchknolle
800 g neue Kartoffeln
250 ml Gemüsebrühe
80 g Parmesan

AUSSERDEM:
ofenfeste Form (ca. 30 × 20 cm)

1. Den Backofen auf 160° vorheizen. Die Orange waschen und trocken reiben, etwas Schale abreiben. Dann die Orange halbieren und den Saft auspressen. Orangenschale und -saft mit Olivenöl und je 1 Prise Meersalz und Pfeffer verrühren. Die Petersilie waschen, trocken schütteln und mitsamt den Stielen grob hacken. Die Oliven grob hacken. Beides mit der Marinade verrühren.

2. Artischocken, Knoblauch und Kartoffeln waschen, die Kartoffeln dabei eventuell abbürsten. Von den Artischocken Spitzen und ledrige äußere Blätter abschneiden. Die Artischocken am Stielansatz festhalten und quer in ca. 2 mm dünne Scheiben hobeln oder schneiden, die Scheiben sofort mit der Marinade vermengen. Den Stiel entsorgen. Den Knoblauch ebenfalls dünn schneiden oder hobeln. Die Kartoffeln mit Schale ebenfalls in Scheiben schneiden oder hobeln. Knoblauch und Kartoffeln mit der Artischockenmischung vermengen. Die Kartoffel-Artischocken-Mischung in eine ofenfeste Form geben. Die Gemüsebrühe angießen. Den Parmesan reiben und darüberstreuen.

3. Die Artischocken im Ofen (Mitte) in 40–50 Min. gar backen – sie sind gar, wenn sich ein spitzes Messer widerstandsfrei hineinstechen lässt. Dazu passt ein milder Salat.

TIPP: *Bei der Olivensorte nach eigenem Geschmack entscheiden: Grüne Oliven betonen die frischen Noten des Gerichts, dunkle setzen einen kräftigeren Impuls, hier Taggiasca-Oliven.*
Übrigens: Die Marinade der Artischocken eignet sich wunderbar als Salatdressing!

PERSONEN 4 | *ZUBEREITUNG* 1 STD. | *GAR-/BACKZEIT* 1 STD.

Im Ofen gebackene Artischocken mit Wurstbrät

feine Tomatensäure und -süße plus kräftige Gewürze

TOMATENSAUCE:
1 kg Tomaten
(oder 800 g Passata)
2 Schalotten
1 Knoblauchzehe
2 EL Olivenöl
1 EL brauner Zucker
Meersalz
schwarzer Pfeffer
(frisch gemahlen)
2 Zweige Rosmarin
1 Lorbeerblatt
1 kleines Bund Petersilie

ARTISCHOCKEN:
1 Bio-Zitrone
4 Artischocken
Meersalz
600 g italienisches Wurstbrät
(z. B. aus Salsiccia; ersatzweise anderes Bratwurstbrät)
100 g trockenes Weißbrot
100 g Parmesan

AUSSERDEM:
ofenfeste Form (ca. 30 × 20 cm)

1. Für die Sauce die Tomaten waschen und grob würfeln, dabei die Stielansätze entfernen. Schalotten schälen und fein würfeln. Knoblauch schälen und grob hacken. Olivenöl in einem Topf erhitzen, Schalotten mit Knoblauch darin leicht anbraten. Zucker und Tomaten hinzufügen, mit Salz und Pfeffer würzen. Rosmarin und Lorbeerblatt waschen und dazugeben. Alles offen bei mittlerer Hitze ca. 20 Min. köcheln lassen. Kräuter entfernen. Petersilie waschen und trocken schütteln. Blätter abzupfen, grob hacken und bis zum Servieren beiseitestellen. Stiele hacken und unter die Sauce rühren. Sauce in die Form füllen.

2. Für die Artischocken in einem großen Topf Wasser zum Kochen bringen. Inzwischen die Zitrone halbieren. Den Saft einer Hälfte auspressen und in eine Schale mit Wasser geben. Artischocken waschen. Nacheinander die Stiele abschneiden, die Schnittkanten jeweils sofort mit der Schnittfläche der zweiten Zitronenhälfte abreiben. Die ledrigen äußeren Blätter der Artischocken entfernen, die harten Blattspitzen mit einer Schere abschneiden. Die Spitze der Artischocke abschneiden. Vorbereitete Artischocken jeweils sofort in das Zitronenwasser legen. Den Saft der zweiten Zitronenhälfte auspressen und mit den Artischocken und 1 großen Prise Salz in das kochende Wasser geben. Artischocken 10 Min. blanchieren, mit einem Schaumlöffel herausheben, kalt abschrecken und kopfüber abtropfen lassen.

3. Den Backofen auf 180° vorheizen. Die Blätter der Artischocken leicht auffächern, das Brät vierteln und zwischen die Blätter in die Artischocken füllen. Artischocken mit den Stielansätzen nach unten in die Sauce setzen und im Ofen (Mitte) 30 Min. backen. Brot und Parmesan fein reiben und mit der beiseitegestellten gehackten Petersilie vermengen. Die Mischung über die Artischocken streuen und alles in weiteren 10 Min. fertig backen.

TIPP: *Italienisch zünftig das Fleisch aus den Artischocken löffeln, die Blätter herauszupfen und auszuzeln, Heu entfernen und die Artischockenböden mit der Sauce genießen.*

Spinat

Spinat macht schnell schlapp und es braucht ein wenig Zeit, ihn zu putzen – vielleicht hat das zarte Gemüse deshalb über viele Jahre hinweg ein Schattendasein in der Tiefkühltruhe gefristet? Doch nicht zuletzt dank des Trends zu Smoothies ist Spinat seit einiger Zeit wieder hip und gilt regelrecht als Superfood, das fit und gesund halten soll. Die Wiederentdeckung lohnt sich aber auch aus Geschmacksgründen! Und vor allem bei zartem Baby-Spinat hält sich der Aufwand im Rahmen …

Spinat steckt voller abwechslungsreicher Aromen: Erdige Noten, feine Säure und Mineralik, die auf der Zunge »salzig« anzeigt, machen ihn zu einer spannenden Zutat für Gerichte aus aller Welt. Dabei liefert er uns jede Menge lebenswichtige Mineralien, Spurenelemente und vor allem antioxidativ wirksamer sekundäre Pflanzenstoffe.

EIN SEKUNDÄRER PFLANZENSTOFF sticht sofort ins Auge: Chlorophyll. Leuchtend grün scheint er bereits Geschmacksvorbote zu sein. Obwohl man den pflanzlichen Farbstoff eigentlich nicht riechen oder schmecken kann, ist »Blattgrün« oft die erste geschmackliche Assoziation beim Essen von Spinat: intensiv, fast stechend, grün-grasig.

Neben verschiedenen frisch-grasigen Noten findet sich in Spinat auch ein Aroma, das dunkel, erdiger, intensiv grün schmeckt: Geosmin, ein Stoff, der im Boden selbst, aber auch in anderen Pflanzen, z. B. der Roten Bete, vorkommt. Auch wenn Farbe und Wuchs es nicht vermuten lassen, gleichen sich dadurch grüne Spinatblätter und Rote Rübe geschmacklich. Beide sind verwandt, gehören wie Mangold zur Familie der Fuchsschwanzgewächse und enthalten neben Geosmin einen zweiten intensiv geschmacksbildenden Stoff: Oxalsäure. Diese liefert das Gefühl, »in Gras zu beißen«, indem sie die Zähne stumpf und rau macht. Aber unsere Rezepte (s. S. 218–229) treten den Beweis an: Gekonnt zubereitet, verliert Spinat diese geschmackliche Einschränkung und überrascht immer wieder mit neuen Aromennuancen.

• REZEPT 1: ROH

Hier ähnelt die »Versuchsanordnung« der des ersten Rote-Bete-Rezepts (s. S. 234). Es zeigt perfekt die geschmackliche Verwandtschaft beider Gemüse und stellt auch die versteckteren Aromen von Spinat schön heraus: Granatapfel bringt feine Fruchtsäure zum typisch sauren Spinat, steuert knackige Textur und Süße bei und verhilft mit Letzterer den im Spinat ansonsten kaum wahrgenommenen Zuckerstoffen zur Geltung. Milchsaurer Skyr ergänzt das Säurebild, bremst zugleich die Wirkung der Oxalsäure (s. S. 220/221) und wirkt mit seiner Cremigkeit dem unangenehmen Mundgefühl entgegen.

• REZEPT 2: SCHARF ANGEBRATEN

Eine Zubereitungsart, die für ein derartig zartes Gemüse wie Spinat auf den ersten Blick ungewöhnlich wirkt, in Asien bei spinatähnlichen Gemüsen aber Tradition hat: Das Anbraten bei hoher Temperatur ändert nicht nur die Konsistenz und lässt Spinat teilweise knusprig werden, durch die Hitze brechen auch die Pflanzenzellen schnell auf und geben mehr Aroma frei. Wer Spinat nur mit dem »Blubb« kennt, wird durch feine Röstaromen und eine wenig Chilischärfe in dieser Erwachsenenvariante überrascht sein.

• REZEPT 3: DER KLASSIKER

Rahmspinat mit Kartoffeln, Ei oder gebackenem Fisch kennt fast jeder aus Kindertagen. Was dort manierlich einzeln getrennt auf dem Teller lag, verbindet sich hier geschmacklich spannend und neu: Im Püree aus Kartoffeln und Spinat verbinden sich die mild-erdigen Noten beider Gemüse. Reichlich schmelzendes Fett in Form von Butter und Joghurt mildert die spitze (Oxal-)Säure im Spinat – genau wie die nussige Note der gebräunten Butter, die sich ebenfalls im Aromenspektrum von Spinat finden lässt. Fisch und Ei gibt's hier mal zusammen, da beide gleichermaßen perfekt mit den schwefeligen Noten des grünen Gemüses harmonieren.

• REZEPT 4: HIP & VEGAN

Green forever and allover – Quietschchloropyhllgrünes gibt es hier gleich zweimal: warm in Form fluffig-weicher Pfannkuchen und in rohköstlichem, knackigem Salat. In der warmen, schmelzenden Salsa kommen alle Geschmäcker der Tomate – von umami, süß bis sauer – zum Tragen und binden die Säure des frischen Spinats perfekt ein. Cremiger Hummus und knusprige Falafeln bringen nicht nur weitere Texturabwechslung. Ihre nussig-erdigen und fett-grünen Noten sind Erweiterung und schöner Kontrast zur erdigen, grünen Komponente des Spinats. Das ist Spannung und Entspannung in einem – ein toller Experimentierteller für Spinatskeptiker.

PERSONEN
4

ZUBEREITUNG
15 MIN.

Spinatsalat mit Granatapfel und Skyr

Frische, Süße, Salz

300 g Baby-Blattspinat
1 Granatapfel
250 g Skyr (aus dem Kühlregal)
2 EL Olivenöl
Meersalz
schwarzer Pfeffer
(frisch gemahlen)

1. Den Spinat verlesen, gründlich waschen und trocken schleudern. Den Granatapfel quer halbieren. Die Granatapfelhälften jeweils mit der Schnittkante nach unten über eine Schale halten und mit dem Rücken eines Löffels auf die Granatapfelschale schlagen, sodass die Kerne herausfallen. Eventuell anhaftende Häutchen entfernen.

2. Den Skyr glatt rühren und auf vier Teller verteilen. Den trockenen Spinat daraufsetzen und die Granatapfelkerne darüberstreuen. Den Salat mit dem Olivenöl beträufeln und mit Salz und Pfeffer würzen.

TIPP: *Skyr, ein traditionelles isländisches Milchprodukt, ist sehr eiweißreich und fettarm. Damit der Spinat richtig sauber wird und keine Sandkörnchen den Essgenuss stören, am besten ca. 3 Min. in viel stehendem, sehr kaltem Wasser waschen. Sollte sich viel Sand am Boden der Schüssel abgesetzt haben, das Waschen mit frischem Wasser wiederholen.*

GESCHMACKS-INSIGHT SPINAT

Der Oxalsäure auf den Zahn gefühlt

SÄURE SCHMECKEN

Der (Oxal-)Säuregehalt in Spinat variiert extrem: Junger Spinat ist milder als älterer, im trockenen Sommer ist die Konzentration höher als im regenreichen Herbst, die Blätter enthalten mehr Säure als die Stiele. Durch Garen kann Oxalsäure gemindert werden: das schnelle Braten im Wok zeigt keine nennenswerten Effekte. Dafür Blanchieren oder Kochen in Wasser, denn Oxalsäure ist wasserlöslich und wird bis zu einem bestimmten Grad ausgeschwemmt. Einen ähnlichen Effekt hat auch kurzes Einlegen der Blätter in kaltem Wasser, wenn sie roh verarbeitet werden sollen. Mit der geschmacklich dominanten (Oxal-) Säure lässt sich experimentieren: Süßes dagegensetzen oder sie mit anderer Säure »ummanteln«, etwa mit Frucht- oder Zitronensäuren – unterschiedliche Säuren potenzieren sich nicht gegenseitig, sondern hebeln sich oft aus. In Griechenland gehört deshalb z. B. immer ein Schnitz Zitrone auf den kurz blanchierten Spinat.

Das Calcium in Milchprodukten bildet im Gericht Salze mit einem Teil der Oxalsäure, die dadurch nicht mehr bestrebt ist, Calcium aus dem Zahnschmelz zu lösen – der beliebte »Blubb« im Spinat macht also durchaus Sinn. Zumal Sahne, Milch oder milchsaure Produkte wie Joghurt pelzigen Zähnen durch die Bereitstellung von Calcium und Fett wieder zu einem runden Mundgefühl verhelfen.

SÄURE FÜHLEN

Kaum beißt man in Spinat, ist es da, dieses pelzig-stumpfe Gefühl an den Zähnen. Ursache dafür ist die in Spinat reichlich enthaltene Oxalsäure. Sie greift den Zahnschmelz an und löst Kalzium aus ihm heraus: Der Zahn fühlt sich plötzlich nicht mehr angenehm glatt, sondern rau an. Sofortiges Zähneputzen raut die angegriffene Zahnoberfläche jetzt nur weiter auf. Deshalb lieber erst Wasser trinken, das die wasserlöslichen Oxalate ausspült. Und anschließend noch Milch trinken – die hat nämlich reichlich Calcium, das das geklaute ersetzt! Oder Joghurt essen. Denn egal welches Milchprodukt: Sie alle ersetzen nicht nur Calcium, sondern helfen unserem Körper auch, die im Spinat reichlich enthaltenen fettlöslichen Vitamine optimal aufzunehmen.

PERSONEN
4

ZUBEREITUNG
15 MIN.

Scharf angebratener Spinat mit Chili und Knoblauch

kräftig aromatisch begleitet und scharf gebraten

600 g Blattspinat (oder 400 g Baby-Blattspinat)
4 Knoblauchzehen
1 große rote Chilischote
4 EL Olivenöl
Meersalz
50 g Butter

1. Den Spinat verlesen. Bei großen Spinatblättern die Stängel nach oben vom Blatt abziehen, um mögliche Fasern zu entfernen. Den Spinat gründlich waschen und trocken schleudern. Den Knoblauch schälen und in dünne Scheiben schneiden. Die Chilischote waschen, vom Stielansatz befreien und je nach Schärfepräferenz mit oder ohne Kerne in feine Ringe schneiden.

2. Einen Wok oder eine große Pfanne auf dem Herd stark erhitzen. 2 EL Olivenöl mit jeweils der Hälfte des Knoblauchs und der Chiliringe hineingeben und kurz anbraten. Die Hälfte des Spinats hinzufügen (Achtung, dabei kann es ein wenig knallen und spritzen, wenn die Vakuolen durch den großen Hitzeeinfluss platzen!) und mit Salz würzen. Dann den Spinat kurz durchschwenken, bis er anfängt zusammenzufallen. Durch die Hitze werden einige Blätter knusprig und leicht braun, es entstehen die gewünschten Aromen.

3. Die Spinatmischung aus dem Wok nehmen und auf einem Teller beiseitestellen. Den übrigen Spinat ebenso mit dem restlichen Öl (2 EL), Knoblauch und Chili garen, jedoch am Ende nicht aus dem Wok oder der Pfanne nehmen. Den zuerst gegarten Spinat mit der Butter in den Wok oder die Pfanne geben und alles vermischen. Passt zu kräftigen Fisch- und Fleischgerichten.

TIPP: *Früher wurde gewarnt, Spinat auf keinen Fall aufzuwärmen. Das stimmt prinzipiell, aber nur, wenn man den gegarten Spinat lange bei Zimmertemperatur stehen lässt. Dann wandelt sich tatsächlich – nach etwa zwei Stunden – Nitrat in schädliches Nitrit. Bei längerer Aufbewahrung gilt also: den Spinat zügig abkühlen und im Kühlschrank lagern. Was ebenfalls stimmt: Treibhausspinat enthält im Winter häufig größere Mengen Nitrat. Davon lassen sich aber fast drei Viertel durch einfaches Blanchieren unschädlich machen.*

PERSONEN *4* *ZUBEREITUNG* *1 STD.*

Spinat-Kartoffel-Püree mit brauner Butter und Kabeljau in Eihülle

salzige Meeresaromen, erdige Gemüse, nussige Butter

500 g Blattspinat (oder 400 g Baby-Blattspinat)
1 kleines Bund Dill
1 kleines Bund glatte Petersilie
1 kleines Bund Kerbel
500 g vorwiegend festkochende Kartoffeln
250 g Sahne
Meersalz
schwarzer Pfeffer (frisch gemahlen)
600 g Kabeljaufilet
4 Eier (M)
100 g Mehl
100 ml Öl
200 g Butter
100 g griechischer Joghurt (10 % Fett)

1. Spinat verlesen. Bei großen Blättern die Stängel nach oben vom Blatt abziehen, um mögliche Fasern zu entfernen. Spinat gründlich waschen, trocken schleudern. Eine große Handvoll beiseitelegen, eine kleine Handvoll in dünne Streifen schneiden und ebenfalls beiseitelegen. Dill, Petersilie und Kerbel waschen, trocken schütteln. Blätter abzupfen, die Hälfte kühl stellen. Übrige Blätter und Kräuterstiele getrennt fein hacken. Kartoffeln waschen, schälen, in Salzwasser in 15–20 Min. gar kochen. Abgießen, ausdampfen lassen.

2. Inzwischen in einem großen Topf Salzwasser zum Kochen bringen. Eine große Schüssel mit Eiswasser bereitstellen. Die Hälfte des Spinats im kochenden Wasser in ca. 5 Sek. zusammenfallen lassen, mit einem Schaumlöffel herausnehmen und in das Eiswasser geben. Mit dem übrigen Spinat genauso verfahren. In einem Sieb abtropfen lassen und mit den Händen möglichst viel Feuchtigkeit herausdrücken. Spinat, gehackte Kräuterstiele, Sahne, Salz und Pfeffer im Blitzhacker sehr fein pürieren. Püree in einen Topf geben. Kartoffeln durch eine Kartoffelpresse dazupressen und unterheben.

3. Kabeljau in acht gleich große Stücke schneiden. Eier in einem tiefen Teller verquirlen, kräftig salzen und pfeffern, gehackte Kräuterblätter und Spinatstreifen untermischen. Mehl auf einen Teller geben. Öl in einer beschichteten Pfanne erhitzen. Fischstücke nacheinander mit Salz würzen, im Mehl wenden und durch die Eiermasse ziehen. Im heißen Öl in der Pfanne in ca. 5 Min. auf beiden Seiten leicht braun braten. Auf Küchenpapier abtropfen lassen. In der Pfanne verbliebenes Fett ausgießen, sodass nur noch ein leichter Fettfilm bleibt. Übrige Eiermasse in die Pfanne gießen, stocken lassen, wenden und fertig braten. Omelett in Streifen schneiden. Nebenher die Butter in einem mittelgroßen Topf zerlassen, bei mittlerer Hitze goldbraun werden lassen.

4. Püree im Topf erhitzen. Großteil an Butter und Joghurt unterrühren. Salzen und pfeffern. Beiseitegelegte Spinatblätter in restlicher Butter im Topf bei mittlerer Hitze zusammenfallen lassen. Mit Salz würzen. Püree auf Teller verteilen, Spinat mit Butter daraufgeben, Fisch daraufsetzen. Mit Omelettstreifen und beiseitegestellten Kräuterblättern garnieren.

PERSONEN 4

ZUBEREITUNG 50 MIN.

Spinat-Pancakes mit warmer Tomatensalsa, Falafeln und Sesam-Kokos-Creme

cremig, knusprig, würzig-frisch

FALAFELN & CREME:
½ Bund glatte Petersilie
1 Dose Kichererbsen
(480 g Abtropfgewicht)
½ Bio-Limette | 4 EL Tahin
Meersalz | 1 Prise Chiliflocken
2 EL Olivenöl
2 EL Kokos-Joghurtalternative
(oder griechischer Joghurt)
4 EL Kichererbsenmehl
(oder Couscous, Weizengrieß)
800 ml Pflanzenöl zum Frittieren

PANCAKES:
½ Bund Koriandergrün
½ Bund Bund glatte Petersilie
600 g Baby-Blattspinat
Meersalz | 1 Prise Chiliflocken
200 Mehl | 1 TL Backpulver
2 EL Öl

TOMATENSALSA:
4 vollreife Tomaten
1 Knoblauchzehe
1 rote Zwiebel | ½ Bio-Limette
½ Bund Koriandergrün
2 EL Olivenöl
1 TL Kokosblütenzucker
1 Prise gemahlener Kreuzkümmel
1 Prise Chiliflocken | Meersalz

1. Für Falafeln und Creme Petersilie waschen, trocken schütteln. Blätter abzupfen, fein hacken. Stiele für die Salsa beiseitelegen. Kichererbsen in ein Sieb abgießen, Flüssigkeit (Aquafaba) auffangen. Limette waschen, trocken reiben. Schale abreiben, Saft auspressen. Kichererbsen, 2 EL Aquafaba (Rest aufheben!), Limettenschale und -saft, Tahin, 1 große Prise Salz und Chiliflocken fein pürieren. Paste halbieren. Eine Hälfte mit Olivenöl und Joghurtalternative verrühren, mit Salz und Chili abschmecken, kalt stellen. Zweite Portion für die Falafeln mit gehackter Petersilie und Kichererbsenmehl verrühren (marzipanähnlich – ggf. mehr Mehl nehmen), mit Salz und Chili abschmecken.

2. Für die Pancakes Koriander und Petersilie waschen und trocken schütteln. Blätter abzupfen, Stiele und Blätter jeweils separat fein hacken. Spinat verlesen, waschen und trocken schleudern, ein Drittel im Kühlschrank beiseitestellen. Übrigen Spinat mit 200 ml Aquafaba, Kräuterstielen, 1 großen Prise Salz und Chiliflocken im Standmixer fein pürieren. In einer Schüssel mit Mehl, Backpulver, gehackten Koriander- und Petersilienblättern verrühren.

3. Für die Salsa Tomaten waschen, von den Stielansätzen befreien und grob würfeln. Knoblauch und Zwiebel schälen und grob hacken. Limette waschen und trocken reiben, Schale abreiben und Saft auspressen. Koriander waschen, trocken schütteln und mit den beiseitegelegten Petersilienstielen fein hacken. Olivenöl in einem Topf erhitzen, Knoblauch mit Zwiebel kurz darin anschwitzen. Tomaten, Limettenschale und -saft, Zucker, Kreuzkümmel, Chiliflocken und Salz dazugeben. Vom Herd nehmen, Koriandermischung unterrühren.

4. Aus dem Teig acht kleine Pfannkuchen ausbacken. Dafür Öl in einer Pfanne erhitzen. Pro Pancake 1 kleine Schöpfkelle Teig hineingeben und bei mittlerer Hitze auf jeder Seite 1–2 Min. braten. Im Ofen warm halten. Für die Falafeln Öl in einem kleinen Topf stark erhitzen. Es ist heiß genug, wenn an einem hineingehaltenen Holzkochlöffelstiel Bläschen aufsteigen. Aus der Kichererbsenmasse mit zwei Esslöffeln Bällchen formen und diese im Öl unter Wenden in ca. 3 Min. goldbraun frittieren. Pancakes auf Teller verteilen, Creme daraufgeben. Spinat und Tomatensalsa darauf verteilen. Mit Falafeln abschließen.

GESCHMACKS-INSIGHT SPINAT
Grüne Farbspielereien

ES GRÜNT SO GRÜN

Verantwortlich für das intensive Grün von Blattgemüse wie Spinat ist der natürliche Pflanzenfarbstoff Chlorophyll. Die meisten kennen ihn noch aus dem Biologieunterricht: Das Molekül dient im Inneren der Blätter als Transformator, indem er Sonnenlicht unter Einfluss weiterer Faktoren in Glucose (Zucker) oder abstrakter gesagt Sonnen- in Wachstumsenergie umwandelt. Das Ganze nennt man Photosynthese, ein Stoffwechselvorgang, ohne den keine Pflanze gedeihen könnte. Das ist gut für die Pflanze, aromatisch hat Chlorophyll allerdings keinen Effekt. Im Gegenteil, es signalisiert dem Steinzeitmenschen in uns sogar eher: nicht sonderlich nahrhaft, besser stehen lassen (s. S. 10). Vielleicht jubelt aber auch der inzwischen diätgeprüfte Steinzeitmensch in uns beim Anblick von leuchtend grünem Spinatsalat: Her mit dem leichten, kalorienarmen Gemüse!

GRÜN UND HITZE

Geben wir Spinat in kochendes Wasser, platzen die Zellwände der Blätter und geben den Blick auf die mit Chlorophyll gefüllten Chloroplasten frei – der Spinat erscheint einige Sekunden noch intensiver grün. Doch nur kurz, denn bei längerem Erhitzen wird der Druck in den Zellen so groß, dass sie vollständig zerreißen. Chlorophyll tritt aus, das Wasser färbt sich grün. Soll der Spinat appetitlich grün bleiben, muss man einen schmalen Grat gehen: das Wasser bis zum Siedepunkt erhitzen, Spinat nur kurz garen und sofort in kaltem oder Eiswasser abkühlen, um den Garvorgang zu stoppen. Langsames Erhitzen scheint zwar schonend, ist aber kontraproduktiv: Durch Garen bei niedrigen Temperaturen werden Enzyme freigesetzt, die Chlorophyll und dessen Farbe verändern. Höhere Temperaturen legen wiederum diese Enzyme lahm.

Rote Bete

»Ein altes ukrainisches Sprichwort warnt: Eine Geschichte, die mit einer Roten Bete anfängt, endet mit dem Teufel« – das sagt zumindest der Autor Tom Robbins. Sein Roman »Pan Aroma« dreht sich um das Gemüse und die Suche nach einem Parfum, das Unsterblichkeit verleiht. Dessen Basisnoten sind neben Jasmin und Limone ausgerechnet Rote Bete. Und auch wenn das Gemüse den Spürnasen französischer Spitzenparfümeure bisher entgangen zu sein scheint: Aromatisch hat es viel zu bieten!

Um uns Roter Bete aromatisch zu nähern, brauchen wir ein frisches Exemplar – die eher geschmacksneutral gegarten, in Folie eingeschweißten lassen wir besser links liegen. Rote Beten haben von ca. Juli / August bis zum ersten Frost im Oktober / November Saison. In dieser Zeit bekommt man sie frisch geerntet, mit etwas Glück auch mit Grün. Den Rest des Winters sind sie durchgängig als Lagergemüse (ohne Grün) erhältlich.

FRISCHE ROTE BETEN sind von außen betrachtet glatt und glänzend, ältere, gelagerte Exemplare eher matt, rau und manchmal schorfig aufgerissen, aber immer ohne äußerlich wahrnehmbaren Duft. Ihre speziellen Aromen und ihre besondere Schönheit geben die Knollen erst beim Aufschneiden preis: extrem hartes, festes Fruchtfleisch, das sich bei jungen Knollen leuchtend blutrot, bei älteren tief burgunderrot präsentiert. Für diese intensive, wasserlösliche Farbe ist Betanin zuständig, das als natürlicher Farbstoff unter der Bezeichnung E 162 z. B. Joghurt einen blassrosa abgemilderten Betelook verleiht.

Der erste typische Dufteindruck ist zwar flüchtig, dafür intensiv erdig, wie frisch umgegrabener Ackerboden, leicht holzig bis hin zu modrig, schimmelig, an sich bunt durchmischende, vielschichtige Waldgerüche erinnernd. Vielleicht nicht unbedingt das, was man sich bei einem Parfum erwartet und was viele Rote-Bete-Hasser nicht ganz zu Unrecht als »muffig« erschnuppern. Experimentierfreudige lassen sich davon nicht abschrecken, sondern begeben sich auf unseren Geschmacksparcour durch vier Rezepte (s. S. 234–245).

• REZEPT 1: ROH

Durch das Raspeln auf der Rohkostreibe brechen einzelne Pflanzenzellen auf und geben die eingeschlossenen Aromen für die Nase und Zunge frei. Spätestens beim Kauen lässt sich dann das Geschmacksspektrum der Roten Bete klarer umreißen: erdig und leicht bitter (durch die enthaltene Hauptaromakomponente Geosmin), deutlich süß (durch den enthaltenen Zucker, s. S. 238) und spürbar sauer – die enthaltene Oxalsäure schmeckt nicht nur spitz säuerlich, sondern sorgt wie etwa bei Spinat und Rhabarber für ein »stumpfes« Mundgefühl. Die ergänzenden Rezeptzutaten Kreuzkümmel (exotisch bitter, erdig), süßer Honig und milchsaurer Joghurt verstärken und doppeln diesen geschmacklichen Dreiklang, wobei Joghurt die Säure sahnig abmildert und in seiner Cremigkeit einen schönen Texturkontrast zum knackigen Gemüse setzt.

• REZEPT 2: GEGART (IM OFEN)

Beim Garen verändert sich nach und nach sowohl der erste Duft- als auch der Geschmackseindruck von roher Bete: Das muffig, erdige Geosmin verflüchtigt sich mehr und mehr, Oxalsäure wird durch das langsame Rösten spürbar abgebaut. Vor allem aber der in hohen Anteilen enthaltene Zucker bestimmt die neuen Aromen, indem er sich zu intensiven Karamell- und Röstnoten wandelt. Als perfekter Ausgleich zur dunklen Süße kommen da säuerlicher Ziegenfrischkäse und feines Lamm- oder Zickleinfleisch gerade recht. Die Mandeln betonen die feinen Mandeltöne des Benzaldehyds in der Bete.

• REZEPT 3: PICKLED

Die knackfrisch kurz eingelegten Beten beweisen: Sauer ist nicht gleich sauer. Oxal- und Zitronensäure der Beten wird durch Essig- und Fruchtsäure des Apfels zwar ergänzt, aber nicht ins Endlose gesteigert. Feine Potenzierungen, ergänzende Abmilderung und punktuell eingesetzte Säurespitzen laden zu einer Entdeckungsreise von sauer über lustig bis zu unendlich vielfältig ein – überraschend und frisch. Meerrettich bringt Würze, betont die erdigen Noten und fügt Senfaromen hinzu. Der feine Schmelz des Seesaiblings harmonisiert und schmeichelt Beten und Gaumen.

• REZEPT 4: KLASSIKER NEU AUFGELEGT

Von Polen über die Ukraine, vom Kaukasus bis Wolga und Don in Russland zieht sich der Borschtsch-Gürtel, überall wird dort der kräftige Bete-Eintopf auf die ein oder andere Weise gelöffelt. Hier wandelt sich der lang gegarte Klassiker in ein kontrastreiches Süppchen mit Mare-e-Monti-Touch: Durch die kurze Garzeit bleibt die Erdigkeit von Roter Bete und Kartoffel erhalten und bildet einen spannenden Gegenpol zur leichten Süße und Mineralik von Garnelen und dem Frischekick durch Buttermilch. Ein wunderbarer Schluss unserer Rote-Bete-Erkundungstour, die dieses Mal nicht mit dem Teufel, sondern mit einem himmlischen Süppchen endet.

PERSONEN
4

ZUBEREITUNG
15 MIN.

Rohe Rote Bete mit Kreuzkümmel und griechischem Joghurt

spannend frisch und würzig, mit mineralischem Aroma

400 g Rote Beten
(möglichst mit Grün)
200 g griechischer Joghurt
(10 % Fett)
4 EL Olivenöl
1 TL Honig (z. B. ein kräftiger Tannenhonig)
½ TL Kreuzkümmelsamen
Meersalz

1. Die Roten Beten gründlich mit kaltem Wasser waschen, anhängende Wurzeln und Wurzelhaare entfernen. Zarte Blätter abschneiden und beiseitelegen. Die übrigen Stängel und Blätter für einen guten Halt beim Reiben an den Roten Beten lassen. Junge Knollen mit schöner Haut ungeschält verwenden, ältere Knollen schälen. Die Roten Beten mit der Küchenreibe fein in eine Schüssel raspeln.

2. Den Joghurt mit dem Olivenöl glatt rühren und auf vier Teller verteilen. Die geraspelten Roten Beten und die zarten Blätter locker auf den Joghurt geben. Den Honig darüberträufeln. Den Kreuzkümmel im Mörser nach Belieben fein oder grob zerstoßen und daraufstreuen. Jeweils mit 1 Prise Salz würzen.

TIPP: *Frisch geerntete Rote Beten enthalten oft so viel Zucker, dass der Honig gar nicht notwendig ist. Bereits gelagerte Knollen erhalten durch ein wenig Honig die Süße zurück. Der Farbstoff der Roten Beten hinterlässt auf Textilien und der Haut hartnäckige Flecken. Deshalb beim Verarbeiten am besten eine Küchenschürze und Einmalhandschuhe tragen.*

PERSONEN *4* *ZUBEREITUNG* *30 MIN.* *GARZEIT* *35 MIN.*

Im Ofen karamellisierte Rote Bete mit Lammkoteletts und Ziegenfrischkäse

süße Karamellnote schmeichelt kräftigen Aromen

1 kg Rote Beten (möglichst mit Grün)
½ Bund Zitronenthymian
2 Knoblauchzehen
5 EL Walnussöl
2 EL Honig
Meersalz
schwarzer Pfeffer (frisch gemahlen)
100 g Mandeln
12 Lammkoteletts (oder Zickleinkoteletts, à ca. 50 g)
400 g Ziegenfrischkäse

AUSSERDEM:
Küchengarn
Auflaufform (ca. 30 × 20 cm)
kleine ofenfeste Form zum Rösten der Nüsse (z. B. kleine Backform)

1. Die Roten Beten gründlich mit kaltem Wasser waschen, anhängende Wurzeln und Wurzelhaare entfernen. Zarte Blätter abschneiden und beiseitelegen. Übrige Stängel und Blätter abschneiden. Junge Knollen mit schöner Haut ungeschält verwenden, ältere Knollen schälen. Die Roten Beten der Länge nach achteln, bei unterschiedlich großen Knollen die Größe der Stücke anpassen.

2. Den Zitronenthymian waschen und trocken schütteln, die Blättchen abzupfen und abgedeckt im Kühlschrank beiseitestellen. Die Thymianstiele mit einem Stück Küchengarn zusammenbinden. Den Backofen auf 180° vorheizen.

3. Den Knoblauch schälen und in Scheiben schneiden. Mit 2 EL Walnussöl, dem Honig, ½ TL Salz und 1 großen Prise Pfeffer verrühren. Die Roten Beten mit der Ölmischung in der Auflaufform vermengen, das Thymianstielebündel hinzufügen. Die Roten Beten im Ofen (Mitte) ca. 30 Min. garen. Sie sind gar, wenn sich ein spitzes Messer widerstandslos hineinstechen lässt. Inzwischen die Mandeln grob hacken und in eine kleine ofenfeste Form geben. Ca. 10 Min. vor Garzeitende der Roten Beten in den Ofen stellen und mitrösten.

4. Ebenfalls ca. 10 Min. vor Garzeitende der Roten Beten die Koteletts mit Salz und Pfeffer würzen. Eine Pfanne auf mittlerer bis hoher Stufe erhitzen, 1 EL Walnussöl hineingeben und die Koteletts darin auf jeder Seite je ca. 30 Sek. scharf anbraten. Die Koteletts auf die Roten Beten legen und den Sud aus der Form mit einem Löffel darübergießen. Alles zusammen im Ofen in ca. 3 Min. fertig garen.

5. Formen aus dem Ofen nehmen, Koteletts kurz abgedeckt ruhen lassen. Die Roten Beten auf vier Teller verteilen und den Ziegenfrischkäse darüberbröseln. Je 3 Koteletts daraufgeben und mit Rote-Bete-Sud sowie dem restlichen Walnussöl (2 EL) beträufeln. Thymianblättchen, Mandeln und, falls vorhanden, die Roten-Beten-Blätter in feine Streifen geschnitten darübergeben.

GESCHMACKS-INSIGHT ROTE BETE

Für Süßschnäbel

Schoko-Experiment 1: Rote Bete und schokoladig-lakritzige Noten? Was wild klingt, harmoniert perfekt: Wer eine gebackene Rote-Bete-Spalte in Kakaopulver dippt, schmeckt, wie die erdigen Noten harmonieren, wie die Süße der Bete den Kakao hebt und wie die lakritzartigen Töne in der Bete durch den Kakao aufgefangen werden.

EINFACH ZUCKER

Rote Beten haben wie viele Wurzelgemüse ein ausgeklügeltes System, um sich gegen Kälte zu schützen. Nach dem Absterben der Blätter sammelt sich der Zucker in den Wurzelknollen, dient als Nährstoffreservoir, verhindert bei Frost das Eindringen von Wasser und schützt die Pflanze so vor dem »Einfrieren«. Spät geerntete Herbstexemplare enthalten daher eine ideale Kombination aus viel Zucker und wenig Wasser, die sie geradezu zum Garen im Ofen prädestiniert (s. S. 35, Maillard-Reaktion). Die Rüben enthalten sogar so viel Zucker, dass diese über die normalen Röst- und Bräunungsprozesse hinaus karamellisieren und so zusätzliche toffeeartige, malzig-süßliche, leicht nussige Aromastoffe entstehen.

KARAMELL – GANZ SCHNELL

Je mehr Zucker ein Gemüse enthält, desto schneller gesellt sich zum üblichen Maillard- ein Karamellisierungsprozess. Probiere also zunächst einmal, wie süß eine Rote Bete roh bzw. am Anfang des Garprozesses schmeckt. Neben dem fruchteigenen Zucker lässt sich die Karamellisierung auch von außen anregen – z. B. durch die Zugabe von Zucker in Form von Honig in unserem Rezept. Oder durch die Beigabe von (Zitronen-) Säure, die dafür sorgt, dass der reduzierende Fruchtzucker nicht schnell genug einen Aminosäurepartner für die Maillard-Reaktion findet und sofort karamellisiert. Also ruhig einmal zwei Schälchen mit jeweils ein paar Schnitzen Roter Bete ohne Honig bzw. gemischt mit etwas Zitronensaft neben das eigentliche Gericht in den Ofen stellen und dann querverkosten!!

PERSONEN
4

ZUBEREITUNG
30 MIN.

PICKLEZEIT
1 STD.

Gepickelte bunte Bete mit Apfel, Meerrettich und Räuchersaibling

bunt, würzig, frisch und mit Meerrettichschärfe

2 Handvoll gemischte Kräuter (z. B. Kerbel, Estragon, glatte Petersilie, Dill, Koriander, Zitronenmelisse, Zitronenthymian)
200 ml milder Essig (z. B. Acetao balsamico bianco, Apfelessig, Champagneressig)
200 ml Apfelsaft
Meersalz
1 TL Gewürze nach Wahl (z. B. Zimtblüte, Zimtpulver, Chili, Sternanis, Kümmel, Kreuzkümmel, Korianderkörner, Senfkörner, Lorbeer, Nelke, Wacholder, Ingwer)
2 mittelgroße Rote Beten (ca. 200 g; möglichst mit Grün)
2 mittelgroße Chioggia Beten (ca. 200 g; möglichst mit Grün)
2 Äpfel
250 g geräuchertes Seesaiblingsfilet (heiß oder kalt geräuchert)
1 Stück Meerrettichwurzel (ca. 3 cm lang)
2 EL Öl (z. B. Haselnuss-, Walnuss-, Kürbiskern-, Hanf- oder Olivenöl)

AUSSERDEM:
Küchengarn
2 Einmachgläser (à ca. 1 l)

1. Die Kräuter waschen und trocken schütteln, die Blätter abzupfen und im Kühlschrank beiseitestellen. Die Stiele mit Küchengarn zu zwei Bündeln zusammenbinden. Für den Würzsud Essig, Apfelsaft, ½ TL Salz und die Gewürze nach Wahl in einem Topf bis knapp unter dem Siedepunkt erhitzen. 2 EL vom Sud abnehmen und in einem Schälchen beiseitestellen.

2. Alle Beten gründlich mit kaltem Wasser waschen, anhängende Wurzeln und Wurzelhaare entfernen. Zarte Blätter abschneiden und beiseitelegen. Übrige Stängel und Blätter für einen guten Halt beim Hobeln an den Knollen lassen. Junge Knollen mit schöner Haut ungeschält verwenden, ältere Knollen schälen. Zunächst die Chioggia Beten mit einem Gemüsehobel in dünne Scheiben schneiden. Die Scheiben in ein Einmachglas geben. Die Roten Beten ebenso in Scheiben schneiden und in ein zweites Einmachglas geben. In jedes Glas je 1 Kräuterstielebündel geben und je die Hälfte des heißen Würzsuds darübergießen. Die Beten vor dem weiteren Verarbeiten mindestens 1 Std. abkühlen lassen (oder bis zu 1 Woche abgedeckt im Kühlschrank aufbewahren).

3. Kurz vor dem Servieren die Äpfel waschen, die Kerngehäuse ausstechen. Die Äpfel mit dem Gemüsehobel in dünne Scheiben schneiden und diese vorsichtig mit dem beiseitegestellten Würzsud vermengen. Die Beten-Scheiben aus dem Sud nehmen und abwechselnd mit den Apfelscheiben auf vier Tellern anrichten. Vom Saiblingsfilet die Haut ablösen, falls vorhanden. Das Fischfilet etwas zerzupfen und auf die Teller geben. Den Meerrettich waschen, schälen und mit einer feinen Reibe über den Fisch raspeln. Kräuterblätter und das Öl auf den Tellern verteilen und 1 Prise Salz darübergeben.

TIPP: *Bei den Äpfeln nach persönlicher Präferenz entscheiden: Eine süßliche Sorte wie Gala oder Gravensteiner harmoniert mit den erdigen Noten der Bete. Eine säuerliche Sorte wie Rubinette, Holsteiner Cox oder Granny Smith bringt mehr Frische ins Gericht, die herben Noten eines Boskops unterstreichen die intensiven Aromen der Bete noch mehr.*

GESCHMACKS-INSIGHT ROTE BETE

Gib ihr Saures!

SAUER HOCH 3

Die meisten kennen Rote Bete als Essiggemüse im Glas – ohne es unbedingt zu lieben. Früher war das Einlegen in saurem Sud gängiges Mittel, um Mikroorganismen und Keime unschädlich zu machen. Im Gegensatz zum intensiven Säurebad, das zwar lange haltbar macht, den Geschmack des Eingelegten aber völlig überlagert, spielt unser Pickle-Rezept mit vielschichtiger Säure: Zur Oxalsäure, die Roter Bete ihre spezifische, spitze Säure verleiht, gesellt sich in den Äpfeln enthaltene frische Zitronen- und Apfelsäure mit einem Spritzer intensiver Essigsäure. Ein Säure-Supergau? Im Gegenteil, erstaunlicherweise addiert sich Säure geschmacklich nämlich nicht. Aufgrund ihrer chemischen Eigenschaften verhindert z. B. Zitronensäure vielmehr die volle geschmackliche Entfaltung der Oxalsäure und auch das Gefühl der »stumpfen« Zähne wird gemildert.

SÜSS ODER SAUER

Zucker ist neben Essig die zweite wesentliche Zutat Roter Bete aus dem Glas: süß-sauer eben. Wir mögen's feiner: keinen Haushaltszucker, dafür Apfel, dessen Fruchtzucker und natürliche Säuren sich nicht wie der Essigwürzsud als kompakter Geschmacksteppich um alles hüllen, sondern nur punktuell auftauchen – immer gut für eine fruchtig-frische Süß-Sauer-Überraschung, wenn man auf eine Scheibe Apfel beißt. Hier hat jedes Exemplar eine weite Variationsbreite, was den Süß-Sauer-Kontrast angeht: Je unreifer bzw. auch je »grüner« die jeweilige Apfelsorte ist, desto mehr Säure enthält sie. Die Säure nimmt bei reiferen und süßeren Sorten zugunsten von Zucker ab. Zum Süß-Sauer-Fest fehlt noch ein wenig Schärfe: Die Senföle im Meerrettich sorgen für den besonderen trigeminalen Reiz, ein kleines, pikendes Kitzeln in Mund und Nase, das prima zu prickelnder Säure passt.

Schoko-Experiment 2: Rohe Rote Bete mit einem Stück Zartbitterschokolade zerkauen und das Aromenzusammenspiel von Frische und Oxalsäure der Bete mit Schmelz und Süße der Schokolade schmecken. Überzeugt? Dann den nächsten Brownieteig mit geraspelter Roter Bete anreichern!

PERSONEN
4

ZUBEREITUNG
30 MIN.

GARZEIT
45 MIN.

Rote-Bete-Suppe mit Dill, Garnelen und Buttermilch

erdig mit frischer Säure, feiner Süße und Mineralik

600 g Rote Beten
200 g Möhren
2 Schalotten
400 g Kartoffeln
1 kg Garnelen (roh, mit Kopf und Schale; z. B. rotschalige Tiefsee-Garnelen)
1 Bund Dill
4 EL Öl
200 ml Weißwein
1,6 l Fischfond (oder Gemüsebrühe)
Meersalz
1 Lorbeerblatt
1 Bio-Zitrone
200 g Buttermilch
schwarzer Pfeffer (frisch gemahlen)

1. Von den Roten Beten und den Möhren die Wurzel- und Stielansätze abschneiden und entsorgen. Von den Schalotten die Wurzelansätze abschneiden und ebenfalls entsorgen. Rote Beten, Möhren, Schalotten und Kartoffeln gründlich waschen und schälen, die Schalen aufbewahren. Die Gemüse in ca. 1 cm große Würfel schneiden. Die Garnelen abbrausen und schälen, die Schalen gut abtropfen lassen und beiseitestellen. Die Garnelen entlang des Rückens leicht aufschlitzen und den Darm herausziehen. Das Garnelenfleisch in ca. 1 cm lange Stücke schneiden. Den Dill waschen und trocken schütteln. Die Blätter abzupfen, grob hacken und abgedeckt im Kühlschrank beiseitestellen. Die Dillstiele aufbewahren.

2. Einen Topf auf hoher Stufe erhitzen. 2 EL Öl hineingeben und die Garnelenschalen darin kurz anrösten. Die Gemüseschalen hinzufügen und mitrösten. Mit dem Weißwein ablöschen. Den Fischfond, 1 Prise Salz, die Dillstiele und das Lorbeerblatt hinzufügen. Alles ca. 30 Min. köcheln lassen und anschließend durch ein Sieb in eine Schüssel passieren (falls die Schalen sehr verunreinigt waren, durch ein Tuch gießen).

3. Die Zitrone waschen, trocken reiben und halbieren. Eine Hälfte in Spalten schneiden und beiseitestellen, von der anderen Hälfte die Schale abreiben und den Saft auspressen. Den gehackten Dill bis auf 1 EL mit der Buttermilch und der Zitronenschale verrühren. Mit Salz und Pfeffer würzen.

4. Das übrige Öl (2 EL) in einem Topf erhitzen und die Gemüsewürfel darin bei mittlerer Hitze anschwitzen. Den Gemüse-Garnelen-Fond angießen und das Gemüse in 10–15 Min. bissfest garen. Die Garnelen hinzufügen. Die Suppe mit Zitronensaft, Salz und Pfeffer abschmecken.

5. Die Suppe auf vier Teller verteilen und je 1 Klecks Dill-Buttermilch hineingeben. Den übrigen gehackten Dill (1 EL) darüberstreuen und die Zitronenspalten dazu servieren. Der ideale Begleiter ist geröstetes Sauerteigbrot.

Pilze

Ein leichter Sommerregen und schon schießen sie sprichwörtlich aus dem Boden. So überraschend ihr Auftauchen, so geheimnisvoll ihr Wesen. Früher rechnete man Pilze zu den Pflanzen. Heute gesteht man ihnen ihr eigenes »Reich« innerhalb der biologischen Klassifikation von Lebewesen zu – neben dem Pflanzen- und Tierreich. Einzelne verfügen über besondere Kräfte, können berauschen, vergiften oder auch heilen. Andere verzaubern durch ihren Geschmack und ihre fleischige Textur.

Pilze, zu denen auch Schimmelpilze und Hefen zählen, betreiben im Gegensatz zu Pflanzen keine Photosynthese. Sie können also nicht über Sonnenlicht Energie gewinnen, sondern müssen – wie Tiere oder Menschen – Nahrung über gelöste Substanzen aus ihrem jeweiligen Nährboden beziehen: aus dem Erdreich, aus Bäumen, Laub und anderen Überresten von Pflanzen oder aus nährstoffreichen tierischen Ausscheidungen.

ALLE GÄNGIGEN SPEISEPILZE enthalten viel Wasser, kaum Fett, reichlich Eiweiß, Vitamine und Mineralien. Typisch für fast alle Pilze ist ihr ganz eigener Geruch: erdig, leicht, aber angenehm modrig gemischt mit grünen Noten – typisch »pilzig« oder, da er der bekannteste Vertreter ist, »champignonartig«. Dafür sind zwei Geruchsstoffe verantwortlich, die beim Fettabbau entstehen: 1-Octen-3-ol, das bei rohen Pilzen dominiert, und 1-Octen-3-on, das sich beim Garen entwickelt. Ihren ganz besonderen »pilzig« vollen Geschmack erhalten sie aber über die in beträchtlichem Maße enthaltene umami-auslösende Glutaminsäure und Guanosinmonophosphat, das den Umami-Effekt verstärkt. Zusammen mit der Textur von Pilzen ergibt sich so bei vielen Gerichten ein fleischiges, vollmundiges Geschmackserlebnis, das je nach gewählter Pilzsorte noch zusätzlich kleine Überraschungen bietet. In fünf Rezepten entlocken wir den gängigsten Pilzsorten das Beste, was sie zu bieten haben (s. S. 250–263).

• REZEPT 1: ROH UND PUR

Steinpilze haben festeres Fleisch als viele andere Pilze – perfekt zum Hobeln. Auch ist im Vergleich zu anderen Pilzen ihr Gehalt an 1-Octen-3-ol oft höher: sie duften stark pilzig. Zusammen mit verschiedenen Säuren bildet sich so ein intensiver Aromen-Geschmacks-Komplex, der sich am besten pur genießen lässt: roh in feinen Scheiben, mit Tomaten, die die pilzeigene Säure unterstreichen und den Umami-Faktor erhöhen, und feinwürzigem Kerbel, der die grünen Noten hervorhebt. Der Clou: Das nussige Aroma gebräunter Butter hebt zusätzlich die grünen Noten und gibt dem fettarmen Gemüse feinen Schmelz.

• REZEPT 2: NO-RISOTTO

Pilzrisotto ist ein Klassiker. In diesem Reis kommt der Champignon aber noch besser zur Geltung, ganz ohne Brühe und Anschwitzen mit Butter. Neben seinen typischen pilzigen Noten kommen seine in rohem Zustand vorhandenen nussig-süßlichen Aromen zur Geltung. Sie verwandeln sich durch den feucht-warmen Reis zu einem magischen, einmaligen Aromenspiel und werden lediglich durch die Butter harmonisch schmelzend-buttrig abgerundet.

• REZEPT 3: KURZ GEBRATEN UND RÖSTIG

Die besondere Konsistenz der Austernseitlinge kommt in dieser Zubereitung perfekt zur Geltung: Kurz gebraten oder gegrillt entwickeln sie herrlich röstige Noten. Durch das japanisch inspirierte Rezept mit Orangensaft und Sojasauce kommen Säure, Süße und Umami voll zum Tragen. Cremige Miso-Mayonnaise passt perfekt zum Brataroma und eingelegter scharfer Ingwer bringt zusätzliches Gaumenkitzeln.

• REZEPT 4: UMAMI-FEST

Mit diesem typisch japanischen Gericht feiern wir den Entdecker des fünften Geschmacks: Chawanmushi ist eine Art Eierstich, der normalerweise in Teeschalen gegart und mit unterschiedlichsten Einlagen versehen wird. Das an sich milde, feine Gericht bekommt hier anstelle von asiatischen Pilzen einmal durch Pfifferlinge »Pfeffer«. Gleich zweimal: in Form einer voll-würzigen Brühe und als rösch gebratenes Topping, bei dem sich die stark waldigen Noten der Pfifferlinge voll entfalten. Zusammen mit ihren Umami-Kollegen Kombu und Sojasauce entwickeln die Pilze den vollen, runden Geschmack des Gerichts.

• REZEPT 5: FLEISCHIG

»Portobello-Pilze« sind nichts anderes als mehrere Tage weitergereifte Champignons, deren Geschmack sich so stark intensiviert. Das Pilzfleisch erreicht dann eine beträchtliche Dicke, die in Verbindung mit der festen, nur leicht nachgiebigen Konsistenz (s. S. 260) einen texturell spannenden Eindruck bringt. Noch mehr Biss und Geschmack gibt es dank Getreide, umami-reichem Käse und schmelzender Crème fraîche. Als Gegengewicht und Ergänzung zu den würzigen, leicht grünen Aromen der Pilze bringt Apfel-Sellerie-Saft Frische, einen Hauch anregende Bitterkeit und aufgeweckte Säure.

PERSONEN
4

ZUBEREITUNG
20 MIN.

Steinpilz-Tomaten-Carpaccio mit brauner Butter und Kerbel

feines Pilzaroma mit fruchtiger und nussiger Note

1 kleines Bund Kerbel
320 g Steinpilze
2 vollreife Tomaten
120 g Butter
Meersalz (oder Fleur de Sel)

1. Den Kerbel waschen und trocken schütteln. Die Blätter abzupfen, die Stiele fein hacken. Die Steinpilze putzen, falls nötig, mit einem Tuch trocken abreiben und in sehr dünne Scheiben schneiden. Die Tomaten waschen und die Stielansätze herausschneiden. Die Tomaten in dünne Scheiben schneiden.

2. Die Butter in einer kleinen Pfanne bei mittlerer Hitze zerlassen und leicht bräunen. Nebenher die Steinpilz- und die Tomatenscheiben abwechselnd auf Teller verteilen. Mit den gehackten Kerbelstielen bestreuen, salzen und mit der sehr heißen Butter übergießen. Die Kerbelblätter darauf verteilen.

TIPP: *Geröstete Mandeln, Haselnüsse, Pinienkerne, Hanfsaat, Popcorn oder gepuffter Buchweizen als Topping bringen kräftigere Noten und spannenden Crunch.*

PERSONEN
4

ZUBEREITUNG
20 MIN.

QUELLZEIT
15 MIN.

Champignonreis

aus nussig-frisch wird buttrig-harmonisch

400 g Langkornreis (Parboiled)
Meersalz
1 kleines Bund krause Petersilie
(ersatzweise glatte Petersilie)
300 g Champignons
100 g Butter
1 Bio-Zitrone

1. In einem kleinen Topf 600 ml Wasser mit ½ TL Salz zum Kochen bringen. Den Reis hinzufügen. Zugedeckt aufkochen, umrühren und dann bei niedrigster Hitze 12–15 Min. quellen lassen, bis der Reis gar ist.

2. Die Petersilie waschen und trocken schütteln, die Blätter abzupfen und grob hacken. Die Champignons putzen, bei Bedarf mit einem Tuch abreiben und mit der Gemüsereibe grob raspeln.

3. Die Butter in kleine Würfel schneiden. Champignons, Butter und Petersilie zum Reis geben. Die Zitrone waschen und trocken reiben, die Schale über den Reis reiben. Alles unterheben und servieren. Der Reis passt auch zum Tafelspitz mit Kürbis (Rezept s. S. 84).

TIPP: *Beim Reis oder auch mit anderen Getreidesorten lässt sich variieren. So hat etwa der zarte, duftige Basmati-Reis einen besonders feinen Eigengeschmack und eignet sich gut für dieses Gericht. Kerniger und nussiger hingegen schmeckt Natur-Reis oder auch gekochter Dinkel.*

PERSONEN
4

ZUBEREITUNG
30 MIN.

Gebratene Austernpilze mit Miso-Mayo

fleischloser Umami-Geschmack, cremiges Mundgefühl

MAYONNAISE:
1 sehr frisches Eigelb (M)
½ TL mittelscharfer Senf
1 EL helle Misopaste
(aus dem Asialaden)
1 TL Reisessig
1 TL japanische Sojasauce
(aus dem Asialaden)
1 Bio-Orange
(oder Clementine)
250 ml Öl

PILZE:
600 g Austernpilze
1 kleines Bund Schnittlauch
2 EL Öl
75 ml japanische Sojasauce
(aus dem Asialaden)
100 g Gari (eingelegter Ingwer; aus dem Asialaden)

1. Für die Mayonnaise das Eigelb mit Senf, Misopaste, Reisessig und Sojasauce in einen hohen, schmalen Rührbecher geben. Die Orange waschen und trocken reiben. Etwas Schale abreiben und ebenfalls in den Rührbecher geben. Den Saft der Orange auspressen und für die Pilze beiseitestellen. Die Zutaten im Rührbecher mit dem Pürierstab kurz vermixen. Unter weiterem Mixen das Öl nach und nach hineinlaufen lassen, sodass eine Mayonnaise entsteht.

2. Die Austernpilze putzen und bei Bedarf mit einem Tuch trocken abreiben. Anschließend mit den Fingern der Länge nach in schmale Streifen zupfen. Den Schnittlauch waschen, trocken schütteln und in feine Röllchen schneiden.

3. Eine Pfanne auf höchster Stufe erhitzen und das Öl hineingeben. Die Pilze sofort hinzufügen und unter Schwenken oder Rühren kurz anrösten, sodass sie stellenweise dunkelbraun werden. Die Sojasauce und den beiseitegestellten Orangensaft dazugeben und alles bei mittlerer Hitze 30 Sek. weiterbraten. Die Schnittlauchröllchen hinzufügen. Die Pilze mit der Miso-Mayo und dem abgetropften Gari servieren, z. B. als Snack zu japanischem Bier. Mit Hühnchen- oder Lachs-Yakitori (gegrillte Spieße) werden sie zum Hauptgericht.

TIPP: *Japanisch auf dem Grill zubereitet entwickeln die Pilze noch röstigere Aromen. Wer kein Gari bekommt, kann 100 g frischen Ingwer schälen, dünn hobeln und mit einem kochend heißen Sud aus 70 ml Mirin, 30 ml Reisessig und ½ TL Salz übergießen. 30 Min. ziehen lassen und wie im Rezept beschrieben verwenden. Für eine vegane Mayonnaise statt Eigelb einfach 50 ml Flüssigkeit von Kichererbsen oder weißen Bohnen aus der Dose verwenden – diese ist auch als »Aquafaba« bekannt und lässt sich wunderbar luftig aufschlagen.*

GESCHMACKS-INSIGHT PILZE

Manche mögen's heiß

WASSERMASSEN

Der eigentliche Organismus ist das Myzel, ein riesiger unterirdischer Teppich wurzelähnlicher Fäden (Hyphen), die – nachdem sie genügend Energie gesammelt haben – einen Fruchtkörper, den Pilz, bilden: Er ist letztlich also nur die winzige sicht- und essbare Spitze des gesamten Pilzorganismus. Um aus der Erde hervorbrechen zu können, »pumpen« sich Pilze voll Wasser und bestehen je nach Sorte zu mindestens 80 bis über 90 Prozent daraus. Zur Lagerung sollte daher ein feuchtes Küchenhandtuch die Pilze vor dem Austrocknen schützen. Auch wenn die Experten sich streiten, so folgen wir doch der alten Küchentradition, Pilze nur trocken zu putzen oder abzubürsten und ein schnelles Abbrausen und anschließendes gründliches Trocknen nur im Falle größter Verschmutzung zu verschreiben.

TURN ON THE HEAT

Damit Pilze möglichst viel Geschmack entwickeln, sollte man sie – und möglichst nicht zu viele auf einmal – bei größerer Hitze anbraten. So verdampft sofort ein Teil des reichlich enthaltenen Wassers und die Pilze können in einer Maillard-Reaktion(s.S. 35) bräunen und röstig intensive Aromen entwickeln. Die Pilze erst gegen Ende salzen, sonst wird ihnen zu viel Flüssigkeit entzogen. Aufgrund der hohen Temperatur fallen die im Pilzfleisch enthaltenen Luftbläschen zusammen, das Gewebe verdichtet sich. Zusammen mit dem Wasserverlust »schrumpfen« die Pilze dadurch mehr oder weniger zusammen.

PERSONEN 4 | *ZUBEREITUNG* 40 MIN. | *GARZEIT* 35 MIN.

Chawanmushi mit Pfifferlingen

soft gegart und rösch gebraten – perfektes Gegenspiel

4 Schalotten
4 Frühlingszwiebeln
2 Stangen Staudensellerie
1 Möhre
1 Stück Kombu-Alge
(nach Belieben; z. B. aus dem Asia- oder Bioladen)
Meersalz
300 g Pfifferlinge
8 Eier (M)
4 EL Sojasauce
2 EL Mirin (japanischer Reiswein; z. B. aus dem Asialaden)
4 EL Pinienkerne
2 El Öl
50 g Butter

AUSSERDEM:
4 Portionsschalen
(aus Porzellan oder Steingut, à ca. 200 ml; ersatzweise kleine Auflaufförmchen oder Tassen)

1. Schalotten schälen. 2 Schalotten in feine Streifen schneiden und beiseitestellen. Frühlingszwiebeln waschen und putzen, jeweils das untere Drittel leicht schräg in ca. 2 mm dünne Scheiben schneiden und diese beiseitestellen.

2. Sellerie und Möhre putzen und waschen bzw. schälen. Übrige Schalotten, Rest der Frühlingszwiebeln, Sellerie und Möhre in kleine Stücke schneiden. Alles mit der Kombu-Alge und 1 Prise Salz sowie 500 ml kaltem Wasser in einem Topf bei niedriger Hitze zum Köcheln bringen.

3. Inzwischen Pfifferlinge putzen, dabei bei Bedarf mit einer Pilzbürste oder einem Küchenpinsel säubern. Putzreste und 100 g kleine Pfifferlinge zum Gemüse in den Topf geben und alles offen bei schwacher Hitze ca. 20 Min. ziehen lassen. Pilzbrühe durch ein Sieb gießen und auffangen, Gemüse- und Pilzreste entsorgen. Falls Sand von den Pfifferlingen in die Brühe gekommen ist, diese durch einen Kaffeefilter laufen lassen. Brühe leicht abkühlen lassen.

4. Eier in eine Schüssel aufschlagen. Mit 2 EL Sojasauce und Mirin verquirlen. 350 ml der Brühe gut unterrühren, abschmecken. Einen Dämpfeinsatz in einen Topf und dort hinein die Portionsschalen stellen. Eiermasse in die Schalen verteilen. So viel warmes Wasser in den Topf gießen, dass die Schalen etwa zur Hälfte darin stehen. Topfdeckel mit einem Handtuch umwickeln, auf den Topf legen. Wasser bei mittlerer Hitze nur schwach zum Köcheln bringen. Eiermasse im Dampf in 10–15 Min. stocken lassen. Das Chawanmushi ist fertig, wenn die Masse bei vorsichtigem Bewegen der Förmchen nicht mehr schwappt.

5. Inzwischen Pinienkerne in einer Pfanne ohne Fett bei mittlerer Hitze goldbraun rösten, dann herausnehmen. Öl, Pfifferlinge und Schalottenstreifen in die Pfanne geben und bei mittlerer Hitze rundum anbraten. Sobald die Pilze leicht gebräunt sind, restliche Sojasauce (2 EL) und Butter hinzufügen und alles kurz weiterbraten. Chawanmushi aus dem Topf nehmen. Pfifferlinge, Frühlingszwiebeln und Pinienkerne daraufgeben und sofort servieren.

GESCHMACKS-INSIGHT PILZE

Nicht Fisch, nicht Fleisch – aber viel Umami!

SATTER UMAMI-GESCHMACK

Neben Hülsenfrüchten werden Pilze aufgrund ihres relativ hohen Proteingehalts als Fleischersatz immer interessanter. Mycoprotein (Pilzprotein) wird aus bestimmten Schimmelpilzarten und Seitlingen gewonnen und mit anderen Zutaten zu »Wurst« oder »Burgern« verarbeitet. Auch unverarbeitet sind Pilze dank ihrer Aromen und Textur eine Alternative zu Fleisch. Austernseitlinge werden wegen ihres milden Geschmacks sogar unter dem Namen »Kalbfleischpilz« angepriesen. Portobellos machen gebraten als »Steak« Karriere. Ihre fleischige Textur lässt sich vor allem darauf zurückführen, dass die Zellwände aus Chitin bestehen. Dies sorgt dafür, dass Pilze selbst bei längerem Garen nicht weich werden, sondern »Biss« behalten. Für den fleischigen Geschmack ist neben den dunklen, erdigen Aromen vor allem Glutaminsäure verantwortlich: beim Garen entwickelt sie herzhaften Umami-Geschmack. Sie lässt nicht nur die Pilze reichhaltig und fleischiger schmecken, sondern intensiviert auch den Geschmack anderer Zutaten. Kommen dazu umami-reiche Zutaten wie Kombu-Alge, Parmesan, Sojasauce und Misopaste, entstehen Gerichte, bei denen man glatt vergisst, dass es Fleisch gibt.

ZUPFEN, SCHNEIDEN, RASPELN?

Durch ihren dicht-schwammigen Aufbau lassen sich Pilze gut mit der Hand zerteilen. Eine schöne, sinnliche Arbeit, bei der man den organischen Strukturen folgt, diese erhalten bleiben und selbst Zellwände und Zellinhalte kaum zerstört werden. Um zu erleben, dass die Zerteilungsart einen großen Unterschied macht, einfach mal durchprobieren: eine Handvoll Champignons nehmen, einen Pilz mit den Fingern zerzupfen und in den Mund stecken. Die Form fühlt sich organisch an, der leicht »waldige« Duft erreicht das olfaktorische Zentrum, beißt man auf den Pilz erschließt sich das ganze Aromenspektrum. Einen weiteren Champignon mit einem scharfen Messer in Stücke schneiden: Neben der kantigen künstlichen Form im Mund merken wir, dass die Zellen zerteilt wurden und sich einige Aromen durch die Oxidation bereits weiterentwickelt haben. Einen dritten Champignon fein raspeln oder hobeln. Durch die vergrößerte Oberfläche erschließt sich uns das Aroma direkt und die nussigen Noten kommen durch. Im Verlauf der Zeit verändert die Reaktion mit der Raumluft das Aroma aber immer weiter, deshalb generell Pilze nicht zu früh vor der Nutzung schneiden.

PERSONEN 4 · *ZUBEREITUNG* 30 MIN. · *BACKZEIT* 25 MIN.

Portobello gefüllt mit Körnern, Sellerie und Käse

würzige Geschmacksbombe

200 g Getreidekörner (z. B. Grünkern, Buchweizen, Dinkel oder Kamut)
600 ml Gemüsebrühe
50 g Butter
8 große Portobello-Pilze
1 kleines Bund glatte Petersilie
4 Zweige Thymian
400 g Staudensellerie (mit Grün)
1 grüner Apfel (z. B. Boskop oder Granny Smith)
1 Bio-Zitrone
160 g kräftiger Käse (z. B. Gruyère, Bergkäse oder Parmesan; nach Belieben vegetarisch)
½ TL Selleriesamen
1 Ei (M)
150 g Crème fraîche
Meersalz
schwarzer Pfeffer (frisch gemahlen)
4 EL kräftiges, grasiges Öl (z. B. Hanf-, Kürbiskern- oder Olivenöl)

AUSSERDEM:
ofenfeste Form (ca. 30 × 20 cm)

1. Das Getreide in einem Topf mit Gemüsebrühe aufkochen und bei niedriger bis mittlerer Hitze köcheln, bis es weich ist.

2. Inzwischen den Backofen auf 160° vorheizen. Eine ofenfeste Form bereitstellen und mit etwas Butter ausfetten. Die Pilze putzen und bei Bedarf mit einem Tuch trocken abreiben, die Stiele abtrennen und würfeln. Die Pilzhüte mit einem Schnitt leicht begradigen, sodass sie gerade liegen können, die Hutabschnitte würfeln. Die Petersilie und den Thymian waschen und trocken schütteln, die Blätter abzupfen und grob hacken. Den Sellerie und den Apfel waschen. Das Grün vom Sellerie abzupfen, grob hacken und mit den Kräutern kalt stellen. Den Sellerie und den Apfel auf der Küchenreibe fein reiben. Die Zitrone waschen, die Schale fein abreiben und den Saft über den geriebenen Apfel und Sellerie pressen. Die Raspel mit einem Tuch oder den Händen fest ausdrücken und dabei den Saft auffangen, diesen kalt stellen.

3. Wenn die Getreidekörner gar sind, diese in ein Sieb abgießen, dabei die Brühe auffangen. Die Körner in eine Schüssel geben. Die gewürfelten Pilzstiele und -hutabschnitte und die ausgedrückten Sellerie-Apfel-Raspel dazugeben. Den Käse ebenfalls reiben und hinzufügen. Vom Selleriegrün 2 EL zum Garnieren beiseitestellen. Die Selleriesamen im Mörser zerstoßen. Restliches Selleriegrün mit Ei, Crème fraîche, gehackten Kräutern, Salz, Pfeffer und Selleriesamen zu den Körnern geben und alles gut vermengen. Die Pilzhüte mit der Masse füllen und mit der Füllung nach oben in die Form setzen. Die aufgefangene Brühe angießen und alles im Ofen (Mitte) ca. 25 Min. backen.

4. Den Apfel-Sellerie-Saft mit etwas Meersalz und dem Öl verrühren. Die Pilze auf Teller verteilen, die Saft-Öl-Mischung dazugeben und alles mit den Kräutern bestreuen.

Kohl

»Blaukraut bleibt Blaukraut und Brautkleid bleibt Brautkleid« – was als Zungenbrecher taugt, bereitet am Herd Kopfzerbrechen: Warum ändert sich beim Kochen von Rotkohl die Farbe Blau zu Rot oder gar Grün? Und heißt es nun »Kohl«, »Kraut« oder, wie der Rheinländer befindet, »Kappes«? Faktum bleibt: Kohl gibt's traditionell mit Wurst dazu, Schnaps danach, deftig und mit dem typischen Geruch im ganzen Haus. Doch das Gemüse kann auch fein, variantenreich und unerwartet schmecken!

Sogenannter »Kopfkohl«, wie Rot-, Weiß-, Spitzkohl und Wirsing, verdankt seinen runden, geschlossenen Wuchs jahrhundertelanger Züchtungen. Über Umwege wie Rosen- und Grünkohl entstanden alle Sorten aus einem eher fiedrigblättrigen Mittelmeerkraut. Die damals oft noch ausgeprägtere Ähnlichkeit zu diesem »Kraut« erklärt die im Süden gebräuchliche Bezeichnung gegenüber dem im Norden sich durchgesetzt habenden Begriff »Kohl«.

KOPFKOHL GEHÖRT wie andere bekannte Kohlsorten, z. B. Brokkoli, Stängel- oder Rosenkohl, zur Familie der Kreuzblütler – genau wie Senf, Rucola, Raps, Rettich, Meerrettich und bestimmte Rüben. So unterschiedlich das äußerliche Erscheinungsbild innerhalb der ganzen Familie sein mag, eint sie eines: ihr distinkt stechender, leicht schwefeliger Geruch.

Ähnlich wie Zwiebeln speichern alle Kohlsorten in ihren Zellen bitter schmeckende, aber an sich geruchsneutrale Stoffe: Schwefelverbindungen, die als »Glucosinolate« oder »Senfölglycoside« bezeichnet werden. Beim Zerkleinern setzen Enzyme eine Kettenreaktion in Gang, bei der sich die Glucosinolate in Zucker und einen schwefeligen Rest spalten. Dabei entstehen stechend scharfe, schwefelig-senfartige Gerüche, die wir als typisch »kohlartig« wahrnehmen. Daneben verändert der Kohl seinen Geschmack: Durch die Abspaltung des Zuckers schmeckt er leicht süßer und weniger bitter. In Streifen schneiden, hobeln und kräftiges Kneten bei rohen Salaten macht also Sinn: Der Kohl wird weicher und schmeckt weniger bitter. Dafür riecht er nicht nur strenger, sondern wirkt durch die ausgetretenen »Senfgase« auch trigeminal schärfer. Die Intensität hängt dabei nicht nur von den in der Kohlsorte enthaltenen Glucosinolaten ab. Wie der Kohl genau riecht, wird auch durch den pH-Wert der Umgebung bestimmt: In leicht saurer Umgebung duftet er stark »kohlig« und leicht meerrettichscharf, in stark saurer Umgebung erinnert der Geruch an Meerrettich, Rettich und Knoblauch, im neutralen Bereich hingegen ist er sogar leicht fruchtig, zwiebelartig. Je nach Zubereitung lassen sich diese Aromen also auch steuern: mit mehr oder weniger Säure aus Früchten, Essig, oder Wein im Dressing oder beim Garen.

Die Glucosinolate prägen auch den je nach Kohlsorte mehr oder weniger variierenden bitteren Grundgeschmack. Hierzu gesellt sich eine leichte Süße, die beim Garen für besondere intensive Röstaromen sorgt. Weißkohl enthält darüber hinaus einen Anteil an Glutaminsäure und damit Umami-Geschmack. Allein mit diesen drei Geschmackskomponenten und den besonderen Kohlaromen lässt es sich reizvoll spielen. Und vielleicht machen ja ein bisschen wohldosierter Kohlgeruch und unsere vier Rezepte (s. S. 268–279) Kohldampf auf mehr.

• REZEPT 1: VON ROT NACH BLAU

Drei Salatvarianten als kleine Versuchsanordnung, bei der nicht nur dem Auge etwas geboten wird: Die durch verschiedene Säuren und Natron verschobenen pH-Werte verändern die Farbe (s. S. 271), aber auch die Aromen leicht (s. S. 274).

• REZEPT 2: RÖSTIG

Im Ofen mit etwas Öl gegart entwickeln sich kaum Kohlgerüche (s. Insight 2), dafür intensive Röstaromen, die andere Gerüche geschickt ummanteln. Trotzdem behält der Kohl seinen typischen Charakter: Reichlich gerösteter Knoblauch und frischer Schnittlauch in der Mojo korrespondieren mit seinen schwefeligen, knoblauchartigen Aromen, wohingegen Koriander, Olivenöl und Butter seine fettig-grünen Noten heben.

• REZEPT 3: GESCHMACKVOLL VERPACKT

Kleine Pakete, die den Gaumen überraschen und beglücken. Trotz leichter Füllung mit zartem Spitzkohl und Garnelen schmecken diese Dim Sum voll und rund: Soja- und Hoisinsauce verstärken den Umami-Charakter des Kohls. Sein leicht süßlich-bitterer Geschmack wird hier ganz apart durch Limettensaft ergänzt, Ingwer und Chili sorgen für scharfen Gaumenkitzel.

• REZEPT 4: KRÄFTIG, NICHT DEFTIG

Die intensiven Aromen von Wildfleisch harmonieren besonders gut mit der Würze und Süße von Kohl, hier Wirsing. Dessen kräftige, in verschiedensten Grüntonen changierende Blätter lassen sich wie viele Kohlarten im Ofen zu knusprigen Chips verarbeiten, die Crunch und Struktur ins Gericht bringen. Die fruchtige Süße von Portwein und Trockenkirschen schmiegt sich mit Butter gebunden an die kräftigen Töne von Kohl und Reh.

PERSONEN
4

ZUBEREITUNG
30 MIN.

Rotkohlsalat mit dreierlei Dressing

Säure macht's möglich: ein Kohl, drei Farbnuancen

1 großer Rotkohl (ca. 1,4 kg)

DRESSING »SAUER«:
50 ml Aceto balsamico bianco
50 ml Olivenöl
1 Knoblauchzehe
Meersalz
schwarzer Pfeffer (frisch gemahlen)
1 Bio-Zitrone
1 kleines Bund Basilikum
100 g Pinienkerne

DRESSING »BASISCH«:
2 Sternanis
2 Nelken
1 große Prise Zimt
1 Prise Natron
Meersalz
1 EL Sojasauce
25 ml Ahornsirup
50 ml Walnussöl
100 g Rosinen
2 Frühlingszwiebeln

DRESSING »NEUTRAL«:
100 g Haselnusskerne
25 ml Granatapfelsirup
75 ml Sonnenblumenöl
Meersalz
Cayennepfeffer
1 kleines Bund Minze

1. Vom Rotkohl die äußeren Blätter entfernen. Den Kohl vierteln und sehr dünn schneiden, am besten mit dem Gemüsehobel. Dabei den Strunk übrig lassen und entsorgen.

2. Für das saure Dressing den Balsamico und das Olivenöl in eine Schüssel geben. Den Knoblauch schälen, hacken, mit 1 großen Prise Salz bestreuen, mit der Kante des Messers zu einer Paste zerdrücken und ebenfalls in die Schüssel geben. Mit Pfeffer würzen. Die Zitrone waschen und trocken reiben. Die Schale in die Schüssel reiben, den Saft dazupressen. Das Basilikum waschen und trocken schütteln, die Blätter grob abzupfen. Die Stiele grob hacken und in die Schüssel geben. Alles mit einem Schneebesen kräftig verrühren. Die Pinienkerne in einer Pfanne ohne Fett bei mittlerer Hitze goldbraun rösten, dann abkühlen lassen. Ein Drittel des Rotkohls mit dem Dressing verkneten und mit dem Basilikum und den Pinienkernen servieren.

3. Für das basische Dressing den Sternanis im Mörser kurz anstoßen, die holzigen Teile entfernen. Nelken, Zimt, Natron und 1 große Prise Salz hinzufügen und alles fein mörsern. Sojasauce, Ahornsirup und Walnussöl unterrühren und mit einem Drittel des Rotkohls und den Rosinen verkneten. Die Frühlingszwiebeln waschen, putzen, in feine Ringe schneiden und darübergeben. (Wer mag, kann diesen Salat auch zu angeschwitzten Schalotten geben, mit Gemüsebrühe auffüllen und als Blaukraut kochen.)

4. Für das neutrale Dressing die Haselnüsse in einer Pfanne ohne Fett bei mittlerer Hitze (oder im Backofen bei 180°) ca. 8 Min. rösten, dann abkühlen lassen. Granatapfelsirup, Sonnenblumenöl, 1 große Prise Salz und 1 kleine Prise Cayennepfeffer verrühren. Das Dressing mit dem übrigen Drittel des Rotkohls verkneten. Die Minze waschen und trocken schütteln, die Blätter abzupfen. Die Haselnüsse grob zerstoßen oder hacken. Haselnüsse und Minze über den Salat streuen.

GESCHMACKS-INSIGHT KOHL
Farbgeheimnissen auf der Spur

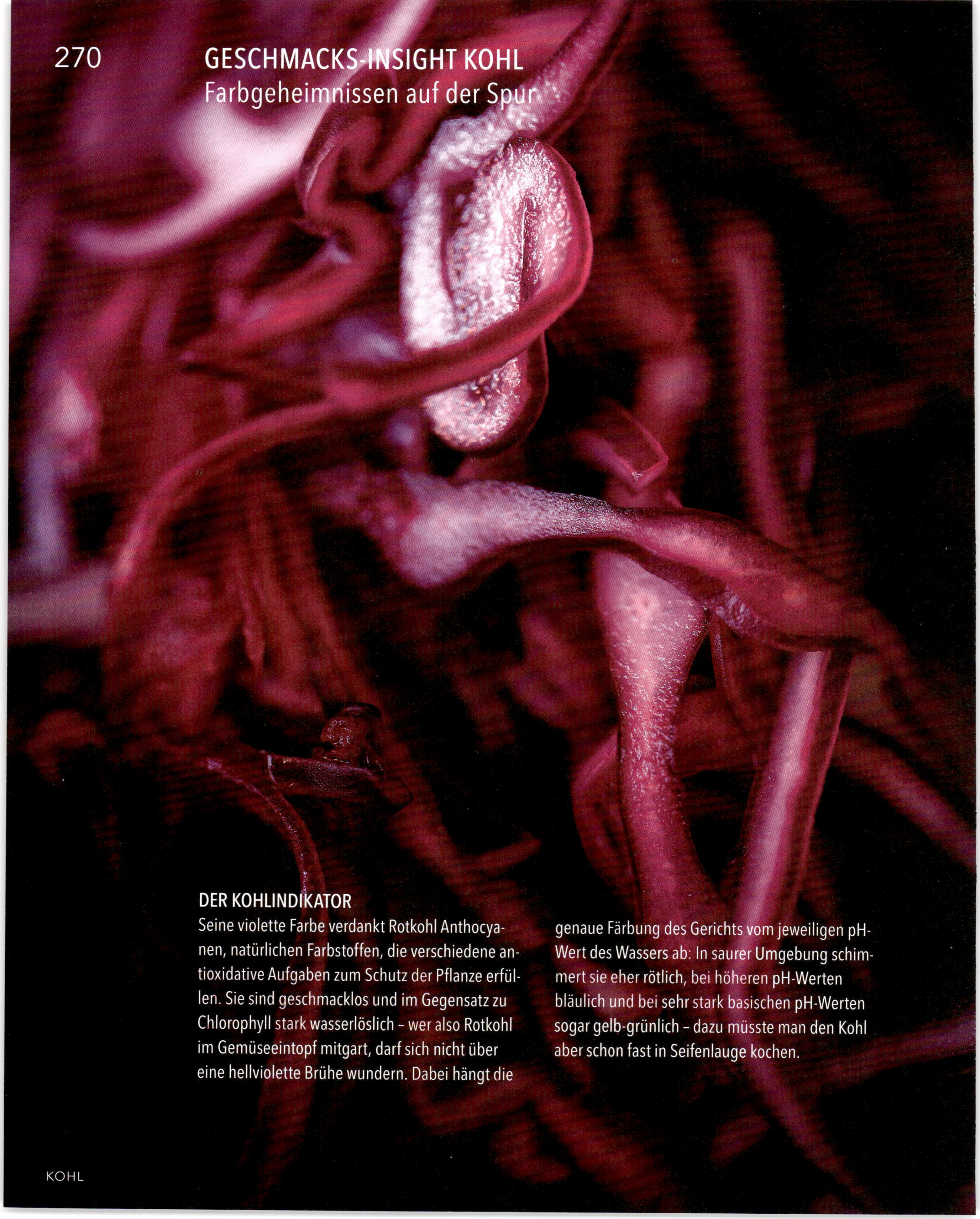

DER KOHLINDIKATOR

Seine violette Farbe verdankt Rotkohl Anthocyanen, natürlichen Farbstoffen, die verschiedene antioxidative Aufgaben zum Schutz der Pflanze erfüllen. Sie sind geschmacklos und im Gegensatz zu Chlorophyll stark wasserlöslich – wer also Rotkohl im Gemüseeintopf mitgart, darf sich nicht über eine hellviolette Brühe wundern. Dabei hängt die genaue Färbung des Gerichts vom jeweiligen pH-Wert des Wassers ab: In saurer Umgebung schimmert sie eher rötlich, bei höheren pH-Werten bläulich und bei sehr stark basischen pH-Werten sogar gelb-grünlich – dazu müsste man den Kohl aber schon fast in Seifenlauge kochen.

ROTKOHL VERSUS BLAUKRAUT

Eigentlich müsste Rotkohl »Lilakohl« oder »Violettkohl« heißen. Da beide Farbnamen aber erst spät als Lehnwörter ins Deutsche gelangten, wird er vor allem im Norden als »Rotkohl« und im Süden als »Blaukraut« bezeichnet. Tatsächlich war wahrscheinlich Kohl, der auf den moorigen, sauren Böden Norddeutschlands gedieh, eher rot, der im Süden auf weniger sauren Böden wachsende dagegen blau – abhängig also vom pH-Wert der jeweiligen Böden. Die Abhängigkeit der Rotkohlfarbe von seiner jeweiligen Umgebung erlaubt uns, mit Farbe und Geschmack zu spielen, wie wir in unseren Salatvarianten (s. S. 268) zeigen: Essig und Zitronensaft verändern die Farbe in Richtung Rot, die Prise Natron und die Gewürze machen den Kohl tiefblau / violett. Lediglich beim (fast) neutralen Dressing mit minimaler Fruchtsäure aus dem Granatapfel erscheint er in seiner ursprünglichen Farbe. So erklärt sich die deutschsprachige »Kraut-Kohl-Linie« auch als eine geschmackliche: im Norden (bzw. auch in Baden und im Elsass) schätzt man Rotkohl mit einem Schuss Essig, Wein und / oder Apfelstückchen, die alle drei Säure bringen. Im Süden (Bayern und Österreich) hebt man dagegen gerne den bereits vorhandenen süßlichen Geschmack von »Blaukraut« mit einer Prise Natron oder Zucker.

PERSONEN *4* *ZUBEREITUNG* *30 MIN.* *BACKZEIT* *40 MIN.*

Gerösteter Weißkohl mit Walnüssen und Mojo

röstige Kohlaromen, intensiv nussig und kräuterfrisch

1 großer Weißkohl (ca. 1,2 kg)
4 Knoblauchzehen
150 ml Olivenöl
Meersalz
200 g Walnusskerne
2 TL Kreuzkümmelsamen
60 g Butter
1 kleines Bund Koriandergrün
1 kleines Bund Schnittlauch
1 Bio-Limette
schwarzer Pfeffer (frisch gemahlen)

1. Den Backofen auf 200° vorheizen. Vom Weißkohl die äußeren Blätter entfernen. Den Kohl in acht Segmente schneiden, dabei den Strunk so rausschneiden, dass der ganz holzige Teil zwar entfernt ist, die Blätter aber noch zusammengehalten werden. Ein Backblech mit Backpapier auslegen und die Kohlsegmente darauf verteilen. Die Knoblauchzehen ungeschält mit einem Messer platt drücken und zum Kohl legen. Dann 75 ml Olivenöl über den Kohl träufeln. Den Kohl mit Salz würzen und im Ofen (Mitte) ca. 30 Min. leicht braun rösten.

2. Inzwischen die Walnüsse im Mörser grob zerstoßen oder hacken. Das Blech aus dem Ofen nehmen, den Knoblauch herunternehmen und beiseitestellen. Den Kreuzkümmel im Mörser grob anstoßen und mit ca. 150 g Walnüssen sowie der Butter in Flöckchen über den Kohl geben. Das Blech zurück in den Ofen schieben und alles zusammen 8–10 Min. weiterbacken, bis der Kohl und die Walnüsse schön gebräunt sind.

3. Währenddessen Koriander und Schnittlauch waschen, trocken tupfen, grob hacken und in einen hohen Rührbecher geben. Den Knoblauch aus der Schale lösen und hinzufügen. Die Limette waschen und trocken reiben. Die Schale abreiben und den Saft auspressen, beides ebenfalls in den Rührbecher geben. Das restliche Olivenöl (75 ml) und die restlichen Walnüsse (ca. 50 g) hinzufügen. Salzen, pfeffern und alles mit dem Pürierstab zu einer feinen Mojo mixen. Die Mojo nochmals mit Salz und Pfeffer abschmecken. Den Kohl aus dem Ofen nehmen und mit der Mojo servieren.

GESCHMACKS-INSIGHT KOHL

Duftgeheimnisse lüften

EINFACH DUFTE

Die typischen, durch Glucosinolate bedingten Kohlgerüche verstärken sich beim Garen von Kohl. Werden die Zellwände durch Hitze zerstört, haben die für das Freisetzen der Geruchsaromen verantwortlichen Enzyme freie Bahn: Je länger Kohl schmort, desto intensiver riecht er. Wer keinen Kohldunst in der Küche möchte, sollte andere Garmethoden wählen. Schnelles Schockerhitzen, wie z. B. beim Blanchieren in Wasser für Kohlrouladen oder beim Braten im Wok (Stir fry) stoppt die Enzymtätigkeit. Es entsteht kein Geruch, dafür bleibt der leicht bittere Geschmack der Glucosinolate erhalten. Braten oder Garen im Ofen mit etwas Öl hilft auch: die fettlöslichen Aromastoffe binden sich verstärkt im Öl und mindern so lästige Gerüche. Darüber hinaus entstehen Röstaromen, die den schweren Kohlgeruch angenehm überlagern.

SAUER MACHT MILD

Ein weiterer, höchst schmackhafter und nachweislich gesunder Weg der Verarbeitung ist das milchsaure Vergären des Kohls. In Sauerkraut werden die für scharfen Geruch und bitteren Geschmack verantwortlichen Glucosinolate in weitaus mildere Substanzen umgewandelt. Es lohnt sich einmal, zum Vergleich ein paar Streifen rohen Kohl zu einer Gabel mildsäuerlichem, aber im Prinzip immer noch rohem Sauerkraut zu kosten. Dies ist leicht herzustellen: Von ½ Weißkohl (ca. 500 g) zwei äußere Blätter ablösen und waschen. Restlichen Kohl dünn hobeln oder dünn schneiden. Mit 1 TL Salz verkneten. 3 EL nicht-hocherhitzten Joghurt unterrühren (wer mag, ergänzt Gewürze wie Kümmel, Kreuzkümmel, Chili) und in ein dickwandiges Gefäß füllen. Kohlblätter darauflegen, ein Küchentuch darübergeben, mit einem Stein beschweren. Bei Zimmertemperatur an einem dunklen Ort stehen lassen. Nach 4–7 Tagen sollte das Sauerkraut fertig sein. Entweder roh genießen oder mit gedünsteten Schalotten, Apfelsaft und Butter kochen.

Bei der Herstellung von Sauerkraut wird die Süße des Kohls von einer erfrischenden Milchsäurenote abgelöst. Zur weiteren Verfeinerung der Aromen kann das fertige Sauerkraut an einem kühlen Ort nachreifen.

PERSONEN
4

ZUBEREITUNG
1 STD.

Dim Sum mit Spitzkohl und Garnelen

durch Süße verbunden, würzig ergänzt

Meersalz
2 große Spitzkohl (ca. 1,6 kg)
½ Bund Frühlingszwiebeln
1 Knoblauchzehe
1 Stück Ingwer (1–2 cm lang)
1 kleine grüne Chilischote
1 kleines Bund Koriandergrün
400 g Garnelenfleisch (ohne Schale und Darm; gut gekühlt)
2 Bio-Limetten
5 EL Sojasauce
4 EL Hoisinsauce (chinesische Würzsauce; z. B. aus dem Asialaden)
1 EL schwarzer Sesam

AUSSERDEM:
2 Dämpfkörbe (Bambuskörbe oder Dämpfeinsätze)

1. In einem großen Topf Salzwasser zum Kochen bringen. Inzwischen aus den Kohlköpfen die Strünke herausschneiden, äußere Blätter entsorgen. Mindestens 12 große Blätter im Ganzen ablösen. Kohlherzen in feine Streifen schneiden. Eine große Schüssel mit Eiswasser sowie einen Schaumlöffel bereitstellen. Die 12 großen Kohlblätter je 2–3 Min. blanchieren, bis sie weich werden. Herausnehmen, ins Eiswasser geben, auskühlen lassen, in einem Sieb abtropfen lassen, auf Küchentüchern auslegen und abdecken. So viel Wasser aus dem Topf gießen, dass zum Dämpfen noch ca. 3 cm hoch Wasser bleibt.

2. Frühlingszwiebeln waschen und putzen. Grüne Teile in dünne Ringe schneiden und kalt stellen, weiße Teile fein hacken. Knoblauch und Ingwer schälen und fein hacken. Chilischote waschen, putzen und ebenfalls fein hacken. Koriander waschen, trocken tupfen und hacken. Die Hälfte des Korianders kalt stellen. Garnelenfleisch grob hacken und mit den übrigen gehackten Zutaten in einen hohen Rührbecher geben. 1 Limette waschen und trocken reiben, Schale abreiben und mit 2 EL Sojasauce in den Becher geben. Alles mit dem Pürierstab schnell zerkleinern, die Masse soll kalt bleiben.

3. Blanchierte Kohlblätter auf der Arbeitsfläche ausbreiten, längs halbieren, dabei die Blattrippen herausschneiden. Die Füllung esslöffelweise mittig auf die Kohlblätter verteilen. Je die untere Kante über der Füllung einklappen, dann die Seiten rechts und links darüberklappen und die gefüllten Blätter straff von unten nach oben einrollen. Fertige Röllchen mit der Naht nach unten in einen Dämpfkorb legen. Das Wasser im Topf zum Kochen bringen. Sesam über die Röllchen streuen, die Einsätze in den Topf stellen und die Dim Sum zugedeckt 5–8 Min. garen.

4. Währenddessen die restliche Sojasauce (3 EL) mit der Hoisinsauce in eine kleine Schüssel geben. Die zweite Limette waschen, die Schale zu den Saucen reiben. Den Saft beider Limetten dazupressen und alles verrühren. Die feinen Kohlstreifen, Frühlingszwiebelringe, Koriander und 2 EL Sauce kurz verkneten. Den Rest der Sauce in kleine Schälchen füllen und die Dim Sum mit der Sauce und dem Kohlsalat servieren.

PERSONEN 4 · *ZUBEREITUNG* 1 STD. 30 MIN. · *GARZEIT* 1 STD. 30 MIN.

Wirsing und Reh aus dem Ofen mit Port-Kirsch-Sauce und Wirsingchips

kräftiger Wirsing, zartes Reh

10 Kümmelkörner
4 Wacholderbeeren
4 Pimentkörner
6 schwarze Pfefferkörner
1 TL Meersalz
1 großer Wirsing
10 EL Öl
120 g Pekannusskerne
6 rote Zwiebeln
300 g Knollensellerie
300 g Möhren
300 g Pastinaken
600 g Rehrücken (küchenfertig)
400 ml roter Portwein
80 g getrocknete Sauerkirschen
5 kleine Zweige Thymian (oder Zitronenthymian)
5 Stängel glatte Petersilie
1 Lorbeerblatt
150 g kalte Butter (in kleinen Stücken)

AUSSERDEM:
ofenfeste Form (ca. 30 × 25 cm)
Küchengarn (30 cm lang)

1. Gewürze mit Salz im Mörser grob zerstoßen. Backofen auf 120° Umluft vorheizen. Ein Backblech mit Backpapier auslegen. Den Wirsingstrunk herausschneiden, die äußeren 8 Blätter ablösen, waschen und gut trocken tupfen, Rippen heraustrennen. Die Blätter jeweils in ca. 9 große Stücke schneiden. Diese mit 4 EL Öl und je 1 großen Prise Gewürzmischung vermengen, auf dem Backblech verteilen. Im Ofen (Mitte) in ca. 40 Min. knusprig backen, herausnehmen. Ofentemperatur auf 180° erhöhen. Pekannüsse grob hacken und auf einem Backblech im Ofen (Mitte) ca. 10 Min. anrösten, herausnehmen.

2. Während die Nüsse rösten, restlichen Wirsing in breite Streifen schneiden. Zwiebeln schälen. 4 Zwiebeln in Spalten schneiden, 2 Zwiebeln in feine Würfel. Sellerie, Möhren und Pastinaken putzen, schälen und in 0,5 cm dicke Stifte schneiden. Wirsingstreifen, Zwiebelspalten, Sellerie-, Möhren- und Pastinakenstifte, 4 EL Öl und 1 große Prise Gewürzmischung vermengen und in eine mit Backpapier ausgelegte ofenfeste Form geben. Sobald der Ofen frei ist, das Gemüse darin (Mitte) ca. 30 Min. garen.

3. Inzwischen das Fleisch in vier gleich große Portionen schneiden, mit 1 großen Prise Gewürzmischung würzen. Eine Pfanne auf mittlerer bis hoher Stufe erhitzen, übriges Öl (2 EL) hineingeben und das Fleisch darin rundum kräftig anbraten. Hitze etwas herunterschalten, Fleisch herausnehmen und beiseitestellen. Zwiebelwürfel kurz in der Pfanne anschwitzen, mit Portwein ablöschen. Kirschen und 1 große Prise Gewürzmischung hinzufügen. Thymian und Petersilie waschen, trocken schütteln. Blätter abzupfen, grob hacken und beiseitestellen. Stiele und Lorbeerblatt mit Küchengarn zusammenbinden, in die Pfanne geben. Portwein bei mittlerer Hitze etwa auf die Hälfte einkochen. Den Sud, der sich beim Gemüse in der Form gesammelt hat, hinzufügen. Fleisch auf das Gemüse setzen und im ausgeschalteten Ofen je nach Dicke 7–10 Min. ziehen lassen (Kerntemperatur von ca. 55°).

4. Kräuterbündel aus der Sauce entfernen. Butter nach und nach mit einem Schneebesen zügig einrühren, abschmecken. Fleisch mit Gemüse, Sauce, gehackten Kräutern und Nüssen bestreut servieren. Wirsingchips dazu reichen.

Rezeptregister

Sachregister

R

S

T

U/V

W

Z

Bildnachweis

Vivi D'Angelo:
Seite 6 sowie sämtliche Rezeptfotos und Stills auf den Seiten 43–278

Adobe Stock:
Coverfoto (Mandeln: Krafla)

GettyImages:
Coverfoto (Farbexplosion: Sunny); Seite2/3 (GMVozd); Seite 4 links, 5 rechts, 8 und 26 (Jose A. Bernat Bacete); Seite 4 rechts und 5 links (Pattadis Walarput / EyeEm); Seite 10 (Luciano Andres Richino / EyeEm); Seite 12 (Gunnar Eld – Photography); Seite 15 (Arrow); Seite 17 (SCIEPRO/SCIENCE PHOTO LIBRARY); Seite 18 (duncan1890); Seite 20 (Laurens Kaldeway); Seite 22 und 30 (Scott Kleinmann); Seite 23 (Jonathan Knowles); Seite 24 (PM Images); Seite 28 (Comstock); Seite 37 links (Thomas Barwick); Seite 37 rechts (Sabine Scheckel); Seite 38 (Flavia Morlachetti); Seite 40 (Fancy/ Veer/Corbis)

Stocksy:
Seite 31 (Carmen Martínez Palma); Seite 33 (Marilar Irastorza); Seite 34 (Studiofena)

Shutterstock:
Coverfotos (Zimtstangen und Sternanis: FabrikaSimf; Chilischote: JIMMOYHT; Salzkristalle: Mariyana M)

Literaturnachweis

Impressum

DIE AUTORIN

Die Leidenschaft fürs Kochen mit guten Produkten, die Neugier an fremden Kulturen und die große Freude daran, Menschen mit Essen zu erreichen und zu verbinden sind das Lebensmotiv von **Antje de Vries.** Seit fünf Jahren reist sie als Beraterin für gastronomische Konzepte, Culinary Trend Scout und Köchin durch die Welt – ohne festen Wohnsitz, mit leichtem Gepäck und offenen Augen. Dabei macht sie, woran sie Spaß hat: immer wieder Neues entdecken und ausprobieren, mit spannenden Leuten und faszinierenden Produkten arbeiten und gemeinsam eine Mission verfolgen – connecting people through food! www.foodanjoy.com

DIE REZEPTFOTOGRAFIN

Vivi D'Angelo hegt eine Leidenschaft für gutes Essen und hat ein Händchen dafür, jedes Gericht im besten Licht zu präsentieren. Für das *Abenteuer Geschmack* hat sie zusammen mit **Justyna Dembowski** (Visual Concept und Prop-Styling) und **Antje de Vries** (Foodstyling) alle Geschmacksabenteuer kreativ in Szene gesetzt. www.vividangelo.com

Konzept und Projektleitung: Alessandra Redies

Text: Tanja Dusy

Lektorat: Karin Kerber

Korrektorat: Andrea Lazarovici

Gesamtgestaltung: independent Medien-Design, München: Horst Moser (Artdirection), Svenja Wamser, Lucie Heselich

Bildmontage Cover: Dimitri Broido

Herstellung: Susanne Fuhrmann

Satz: Longo AG, Bozen

Reproduktion: Longo AG, Bozen

Druck: aprinta Druck, Wemding

Bindung: Conzella, Pfarrkirchen

Printed in Germany

Syndication: www.seasons.agency

Umwelthinweis: Dieses Buch ist auf PEFC-zertifiziertem Papier aus nachhaltiger Waldwirtschaft gedruckt.

1. Auflage 2019

978-3-8338-7235-8

www.facebook.com/gu.verlag

GRÄFE UND UNZER
Ein Unternehmen der
GANSKE VERLAGSGRUPPE

QUALITÄTS GARANTIE G|U

Liebe Leserin, lieber Leser,

haben wir Ihre Erwartungen erfüllt? Sind Sie mit diesem Buch zufrieden? Haben Sie weitere Fragen zu diesem Thema? Wir freuen uns auf Ihre Rückmeldung, auf Lob, Kritik und Anregungen, damit wir für Sie immer besser werden können.

GRÄFE UND UNZER Verlag
Leserservice
Postfach 86 03 13
81630 München
E-Mail:
leserservice@graefe-und-unzer.de

Telefon: 00800 / 72 37 33 33*
Telefax: 00800 / 50 12 05 44*
Mo–Do: 9.00 – 17.00 Uhr
Fr: 9.00 – 16.00 Uhr
(gebührenfrei in D, A, CH)*

Ihr GRÄFE UND UNZER Verlag
Der erste Ratgeberverlag – seit 1722.